U0142907

作者/Iris Geva-May　　總審定/林水波

譯者/江育真 蕭元哲 葉一璋 李翠萍 陳志緯 石振國

政策分析操作技藝

An operational Approach to Policy Analysis：The Craft

五南圖書出版公司 印行

建構優質政策分析的處方

　　每個社會在面對多元不同的問題時，有待政府職司運用理論、方法及技巧加以建構、解剖及釐清，以明晰問題的本質、形成的原因、涉及的標的團體，進而藉由古今中外的歷史經驗，新進演繹推出的學說、論述，再針對問題出現時的政經社文系絡，設計出正當性的解決方案，並藉由合法化的機制，使該方案抑或正反雙方合構而成的方案，取得法定的地位，繼之備妥執行轉化的有效前提，再以組織的安排、抽象內容的解釋及標的團體的應用，徹底地加以執行，希望取得政策效驗（policy efficacy）的境界，繼以反省的作為評估政策，獲知政策更加健全化的變遷。這正是正統公共政策分析所必須探討的嚴肅課題。

　　「政策分析：操作技藝」一書本是 Iris Geva-May 和 Aaron Wildavsky 合著的成品。不過，在正式出版之時，政策分析的沙皇 Wildavksy 不幸過往，於是書中的論述、潤飾、結構及語調，均由學生以追憶的方式、師承的思維，以及還原師意的動機加以完成，且以引領後學精鍊分析技巧、尋找由分析而出的良方為職志，並為問題紛紜的社會，提供按圖索驥的路徑。

　　這本在一九九五年完成的經典之作，由於它的特殊性、價值性、處方性、啟蒙性、可學性及彌新性，現由國內一群年輕的政策研究學者加以轉譯，以方便學子的接近及研讀，當可藉機循線找到分析台灣重大政策議題的路徑，進而提供政府找到突破議題困境之策。茲為激發未來台灣主幹世代對之感到吸收的興趣，特舉出本書的六大特色，以引領他或她在公共事務管理領域的應用。

　　一、指引問題的界定：政策問題的掌握，來龍去脈的分析，實有助於它的解決或減緩，本書特別關注界定問題的要領及著手的地方。

　　二、建構分析的模型：模型向來有益於問題的掌握，化解其複雜性及模糊性的著力點，是以本書特別敘述建構模型的良方，判斷關鍵變數的抉擇標準，從而繪出變數之間的關聯性。

三、安排選擇的方案：問題情境的減壓，抑或嚴重程度的抒解，主事者務必要尋找、分析及創造多元不同的方案，並以設定的標準來選擇不同權重組合的方案安排。本書在這個向度有深度的解析，以供主事者選擇應用。

四、提出說服的論證：主事者為行銷自己中意的政策主張或解決套案，每要扮演政策銀舌（policy sliver tongue）的角色，提出合理有效的論證，用以說服利害關係人的青睞及支持，以利正當性的取得。本書特別分享提出論證的策略，殊值得學子的衷情。

五、提醒終結的執行：由於達及政策零缺點的地步，猶待相關人士的投入及鑽研，因此主事者就要有決心及毅力，關注無效能抑或業已失靈的政策，必要時加以終結，以免有限資源的浪費。本書特別關懷終結的課題。

六、主要觀念的摘要：作者特別於每章論述之後，摘要出重點，以供聚焦，方便實際操作，進而養塑熟練的技巧，精進政策分析的能力。

本書在前書六大特色的映襯下，不但建構優質政策分析的處方，而且顯現它的珍貴性、操作性及引領性。讀者如若深受吸引，並步步進入其境，當在默會中學習到政策分析的技巧，領會其精深的面向，並將其應用到自己職司的公、私及非營利領域的問題解決上，從中得到知識的啟發，建構優質的問題解決處方。

以華文出現的本書，識者有機遇先睹為快，增強本人在政策分析的知識，並感受書中知識傳承的深度情懷，特以本序推薦本書。至於學術興趣趨同的學子，或可以本書為基礎，打造更優質的「政策分析作業技巧」。

林水波　識於台大社科院研究室
二〇〇九年四月十五日

目 錄

導論

規範性研究方法

　　本書寫作的目的是想利用操作一規範性的研究方法，來消除政策分析中的含糊不明與矛盾。Aaron Wildavsky 解釋說，正因為政策分析本身的矛盾，因此「需要特殊的忠告」[1]。我們的目標就是要納入政策分析的主要精華，並提供洞察政策分析過程中內外因素的能力。

　　本書並不打算宣稱「重新設定政策分析的方向」和展示一個全新觀點，而是主張幾乎所有的討論議題均已被政策分析界的菁英所廣泛討論過了。

　　規範性研究法要求我們選擇立場、拋棄中立的研究途徑，並明確陳述何謂優秀或劣質的政策分析。為了幫我們操作的規範方法背書，我們將政策分析方法的操作概念化，並輔以當代文獻中各種多元的例子來做說明。因而在本書中，我們將調查哪些政策分析原則是可讓分析效果更好的所需要件。

　　誠然我們的研究方法可能牽涉到科技、相對性，及價值與文化獨立性，我們認為這些假設或許為真，但仍有一些方法可以分辨研究的優良與平庸，而且可強調它們之間的差異性。

　　Aaron Wildavsky 在 1989 年時，就曾於 *Craftways* 一書中為他所使用的規範性研究法大加辯護：

1　Wildavsky, Aaron B. *Craftways: On The Organization of Scholarly Works*. New Brunswick: Transaction Publisher, 1989, 59.

　　如果建議對了，過度規範方式是非常有幫助的！我時常懷疑它的作用，如果僅是探索出意思隱晦的建議，或是一般性無法演繹出行動方案的建議。我不想這樣作！因為，我曾在過往犯下相同的錯誤。建議也許不足或不合時宜，但至少讀者知道是什麼。如果讀者第一眼無法瞭解要嘗試什麼，他們就無法嘗試、失敗與學習[2]。

　　我們將本書視為兩方面的測試：包含它與其他當代各種學說間的包容程度，以及規範性研究法所真正提供清晰行動指導綱領的程度。

　　就某些方面來說，Aaron Wildavsky 意圖使本書成為他在 "Speaking Truth to Power: The Art and Craft of Policy Analysis"[3] 一書的延續。在 Craftways 書中，他表達了自己的想法：

　　　覺得 Speaking Truth to Power 書中對政策分析技巧的討論太薄弱，我與我的一個學生共同試著補強它。我們嘗試了，但我們的看法並未定型。有一天我會再度嘗試，而這本書就是這個過程的一部分[4]。

　　1993 年，Aaron 邀請我到柏克萊大學，因為我倆的「想法一致」，也因為他相信我倆可以共同撰寫本書。本書的由來乃依據 Aaron 想要提出的兩個技巧：第一個技巧與他在 Speaking Truth to Power 中所提出的一樣，也就是

　　（嘗試）將多種研究中隱含的想法加以更明確地說明[5]。

2　Ibid., xiii.

3　Wildavsky, Aaron B. *The Art and Craft of Policy Analysis*. Hampshire: Macmillan Press, 1979.

4　Wildavsky, *Craftways*, 111.

5　Ibid., 12.

第二種方法就是他在 *Craftways* 中討論過的規範性研究途徑 [6]。Aaron 說明一切乃因 *The Revolt Against the Masses* [7] 書中有一篇文章對於這種研究法的好評，讓他想要發展這個方法。他解釋說：

> 渴望這些簡易的規範方法，使我瞭解到社會科學研究方法的基本技巧既沒有傳授給學子，也沒有被嚴格遵行……即未給予學子充足精確的想法 [8]。

順著這個思路，我們著重在政策分析的主要原則，利用規範性方法，我們將這些矯飾的原則還原到它們最初的本質；藉由這種管道，我相信我們可以將這些操作方法的大綱清楚地呈現出來。

為了證實這兩種技巧，Wildavsky 主張這些方法早已在 Herbert Simon 書中有效地證明：

> 他在 *The Science of the Artificial* [9] 一書中的製錶人寓言上就已證實；而 Charles Lindblom 與 David Braybrook [10] 在其經典作品亦留下一段令人折服的格言……假如所有的決策自始便需一而再、再而三地制定，這會變得令人心力交瘁且無效率。不如從基礎開始，然後加入片段，再經過磨合，最後變成一種指引。此種漸進式途徑使人

6　Ibid., 57-103.

7　Wildavsky, Aaron B. "In The Same Place, At The Same Time and In The Same Way." 見 *The Revolt Against The Masses, and Other Essays on Politics*. Aaron B. Wildavsky, New York: Basic Books, 1971.

8　Wildavsky, *Craftways*, xii.

9　Simon, Herbert. *The Science of The Artificial*. Cambridge, MA: MIT Press, 1969.

10　Braybrook, David, Lindblom, Charles E. *A Strategy of Decision, Evaluation, Policy Evaluation as a Social Process*. New York: Free Press, 1970.

聯想到以快速整理、重組基本命題、調整與重複次序等方式，這種
途徑遠比毫無頭緒就一頭栽入文獻的叢林中有效得多[11]。

　　我相信 Aaron 比任何人都瞭解「簡易」的道理；這個研究方法得自優良
的傳統：從富蘭克林到杜威，他們都假設那些有時間與能力對政府治理進行
反思的人，均要仰賴人民提供行動準則。Aaron Wildavsky 相信我們有足夠的
知識與視野，而且也應該為這個領域的學生、學者，以及實務者提供清楚的
準則。

　　尤有甚者，在審視大多數政策分析文獻的普遍特質後，會發現這些特質
其實是偽裝的規範、是披著實驗室外衣的馬基維里。本書僅僅是讓這個規範
方法浮上檯面。我們應承認無聊的議題已經發聲很久了。在對 Bardach[12]、
Behn[13]、House[14]、Kingdon[15]、MacRae 與 Wilde[16]、Majone 與 Quade[17]、

11　Wildavsky, *Craftways*, 30.

12　Bardach E. Gathering for policy research. *Urban Analysis*, 1974; 2: 117-144.

13　Behn RD. Termination II: Some Hints for the Would be Policy Terminator. Work Paper, 1977, Institute for Policy Sciences – Public Affairs: Duke University.

14　House, Peter W. *The Art of Public Policy Analysis*. California: Sage Pbl., 1982.

15　Kingdon, John W. *Agenda, Alternatives and Public Policies*, 2nd ed. Glenview, IL: Scott, Foresman and Co., 1995.

16　MacRae, Duncan Jr., 與 Wilde, James A. *Policy Analysis for Public Decisions*. California: Duxbury Press, 1979.

17　Majone, Giandomenico 與 Quade, Edward S., eds. *Pitfalls of Analysis*. Chichester: John Wiley & Sons, 1980.

Meltsner[18]、Pal[19]、Patton 與 Sawicki[20]、Weimer 與 Vining[21]、Wildavsky[22] 以及其他人的著作進行分析後，就會發現其實他們都以偽裝的方式運用了規範性研究途徑。尤其，這些作者有時會使用規範法對問題進行澄清與摘要，而非使用傳統的敘述法。

這幾年「解構主義」研究法被學界大為倡導，把解構主義視為將已知知識化為一致性的模式，並且「讓你善用時間專注在閱讀上」[23]。這個研究法的文本層次及產生的緊張關係，可以「去除」文章中想影響讀者的力量，並且使讀者能夠獲得深入地瞭解以及得出更敏銳的結論[24]。除了實際面之外，Desilett 等[25] 及 Kilduff 檢視並支持下列觀點：

　　……解構主義的使用，並非要廢除真實、科學、邏輯與哲學，而是要去質疑這些概念是如何使用在文章裡，以及它們是如何有系統地排除某些思想與溝通的範疇。因此有關解構主義文章的意涵並不限於文章本身所使用的語言，而更可以衍生到文章所提到的政治與社會背景[26]。

18　Meltsner AJ. Political feasibility and policy analysis. *Public Administration Review*, 1972; 32: 859-867.

19　Pal, Leslie A. *Public Policy Analysis*, An Introduction. 2nd ed. Scarborough, Ontario: Nelson Canada, 1992.

20　Patton, Carl V. 與 Sawicki, David S. *Basic Methods of Policy Analysis and Planning*. New Jersey: Prentice Hall, 1993.

21　Weimer, David L. 與 Vining, Aidan R. *Policy Analysis Concepts and Practice*. New Jersey: Prentice Hall, 1989.

22　Wildavsky, *Craftways*.

23　Chapman PC. Craftways: on the organization of scholarly work. Book Review. *American Political Science Review*, 84: 1332.

24　Kilduff M. Deconstructing organizations. *The Academy of Management Review*, 1993; 18: 13.

25　Desillet G. Feidegger 與 Derrida: On the conflict between hermeneutics and deconstruction in the context of rhetorical and communication theory. *Quarterly Journal of Speech*, 1991; 77: 152.

26　Kilduff, "Deconstructing organizations," 18: 14.

Desilett 等人以美國憲法為例，說明解構主義以及它所產生的衝擊。簡潔的規範並非假設，

　　　　要明顯地溝通它的內容……憲法的文本歷經分析者閱讀一次就成為「重新審視一次」的「案例」，且不保證會得出共識[27]。

除了提供主要的行動準則及模式，規範性研究途徑可以按照不同的系絡、價值及文化，而對不同的議題進行開放式的詮釋。

政治分析的概念化

公共政策的定義是與行動或不行動的作法有關，舉凡有關職位、案例，或政治決定都強調目標手段、價值與實務，它們通常暗示著政治或權力競賽[28][29][30][31]。它們也被挑選來說明一個既存或隱藏的問題。它們不一定是主觀的實體，而是參考架構 (frames of reference) 對現實面的投射，於此採取行動。

政策決定、政策制定，以及政策執行對於任何組織（從家庭到政府）都是非常關鍵的。因此，方案是由有關的背景、行為者、政治競爭，以及問題界定所決定。在這個架構下，借用 Leslie Pal 的話：「讓政策有道理就是政策分析師所要做的全部工作」[32]。其他有關政策分析的定義包括 Lindblom 於

---

27 Desilett 與 Derrida, "On the conflict between hermeneutics and deconstruction," 77: 167.

28 Cochran, Charles L. 與 Malone Eloise F. *Public Policy Perspectives and Choices*. New York: McGraw-Hill, Inc., 1995.

29 Dye, Thomas R. *Understanding Public Policy*. 8th ed. Englewood Cliffs, New Jersey: Prentice Hall, 1995, 3.

30 Lasswell, Harold D. 與 Kaplan, Abraham. *Power and Society*. New Haven, CT: Yale University Press, 1970, 71.

31 Pal, *Public Policy Analysis*.

32 Ibid., 13.

1958 年的定義，他將政策分析視為「對涵括價值與政治比較與互動的一種量化分析」[33]。政策分析的概念化在過去幾年來不斷發展，並遭到新的挑戰，比方說：

「……創造可以被解決的問題。」[34]

「指涉一項問題的解決過程。」[35]

「在政策過程中生產知識的過程。」[36]

「運用專業知識解決公共問題。」[37] [38]

「運用理性與證據在眾多方案中選擇最佳政策。」[39]

「一種綜合研究結果的資訊，用來產出一種政策決定形式及決定未來政策相關資訊所需的方法。」[40]

「透過理性與證據的協助，在眾多方案中選出最佳政策。」[41]

「依政策與目標關係而言，從不同政策與政府方案中決定何者最能達成所設定的目標。」[42]

33　Lindblom CE. Policy analysis. *American Economic Review*, 1958; 48, 3: 298-312.

34　Wildavsky, *The Art and Craft of Policy Analysis*, 1.

35　Bardach E. Problem Solving in The Public Sector, 1992; Berkeley. UC Berkeley: GSPP, 1.

36　Dunn, William N. *Public Policy Analysis: An Introduction*. 2nd ed. Eaglewood Cliffs, New Jersey: Prentice Hall, 1981, 2.

37　Dye, *Understanding Public Policy*, 16.

38　亦見 Pal, *Public Policy Analysis*, 16.

39　MacRae 與 Wilde, *Policy Analysis*, 14.

40　Williams, Walter. *Studying Implementation: Methodological and Administrative Issues*. Chatham, New Jersey: Chatham House, 1982, ix.

41　MacRae D Jr. Concepts and methods of policy analysis. *Society*, 1979; 16, 6: 17.

42　Nagel, Stuart S. "Introduction: Bridging Theory and Practice in Policy/Program Evaluation." In *Policy Theory and Policy Evaluation: Concepts, Knowledge, Causes and Norms*, Stuart S. Nagel, ed. New York: Greenwood Press, 1990. ix.

「一個使用多種辯論與探詢的方法來處理政策相關資訊，以便在政治環境中解決公共問題。」[43]

「藉由收集資訊，透視執行福祉和後果的證據，政策分析搜尋可行的行動方案，以協助政策制定者選擇最有利的行動。」[44]

「一種認定與評估，意圖減緩或解決社會、經濟或政治問題的過程。」[45]

「有關公共決策之當事者導向相關諮詢。」[46]

「對決策者會產生正確與有用資訊的調查。」[47]

「一種常用來收集資訊的正式分析，人們同時也使用於溝通、指揮與控制，並將其訊息之象徵價值轉換成行動之意願、關懷與合理性。分析也許可協助決策的內容，但也是一個強力膠，將不同個體的決策黏合成一個組織決策。」[48]

這麼多的定義，都著重在政策分析的實際與概念面向。再次借用 Wildavsky 被廣泛使用的定義：政策分析是「藝術與技巧」[49]：它是藝術，因為它得以直覺、創意與想像力來認定、界定，以及策劃問題的解決之道。它也是技巧，因它需要對方法論、技術與跨領域知識的嫻熟運用，包含經濟學、法政、溝通，與行政管理等領域。總之，它是一個以實務為導向的途徑。

---

43 Dunn, *Public Policy Analysis*, 60.

44 Quade, Edward S. *Analysis for Public Decisions*, New York: American Elsevier, 1975, 5.

45 Patton and Sawicki, *Basic Methods*, 21.

46 Weimer and Vining, *Policy Analysis*, 1.

47 Cochran and Malone, *Public Policy Perspectives*, 24.

48 Langley A. The Use of Formal Analysis in Decision Making, ASAC Conference; 1987, Toronto.

49 Wildavsky, *The Art and Craft of Policy Analysis*.

政策分析的技巧

當我們說某個分析「技巧很好」時，我們指的是什麼？首先，我們必須瞭解政策分析是個過程，也是智力的過程，二者對於政策制定架構的貢獻是一樣重要的。在政策分析文獻中，主要的關鍵議題就是何謂「好的分析」。Majone[50] 宣稱「……一個分析中最有價值的部分就是分析技巧」。而分析師所用的分析技巧與他個人及社會的判斷都有關，並與他個人的經驗、專業規範及被文化所決定的適當與效度標準有關[51]。Wildavsky 認為「技巧是學術與實務的結合」[52]。而 Becker 則認為技巧是通往專業與技術的結合。

> 凡善於技巧的專家就能夠駕馭這些技巧，而這些技巧可用來做任何事，可以靈敏迅速地工作，讓事情更容易，技巧不好，做起事來會很困難或是根本不可能達成。(雖然) 每個領域的要求不同，……它總是包含對於物質與技術非凡的控制[53]。

類似於 Becker 的看法，Majone 或 WIidavsky、Lynn[54]、Meltsner[55]、Weimer[56] 和其他人都同意，政策分析師的優劣就如同其他領域，是以他們如

50　Majone, Giandomenico, *Evidence, Argument and Persuasion in the Policy Process*. New Haven: Yale University Press, 1989, 35.

51　Majone, G. Graftsmanship – In The Uses of Policy Analysis. 手稿 n.d., 3. 亦見 Majone, *Evidence, Argument and Persuasion*。

52　Wildavsky, *Craftways*, xi.

53　Becker HS. Arts and crafts. *American Journal of Sociology*. 1978; 83, 4: 865.

54　Lynn, Laurence E, Jr. *Managing Public Policy*. Boston: Little, Brown and Co., 1987, 95.

55　Meltsner, Arnold J. *Policy Analysis in the Bureaucracy.* Berkeley: UC Press, 1976.

56　Weimer DL., The craft of policy design: Can it be more than art. *Policy Studies Review*, 1992; 11, 3/4: 370-387 與 Weimer DL. The current state of the design craft: Borrowing, thinking, and problem solving. *Public Administration Review*, 1993; 53, 2: 110-120

何使用分析工具[57]、採用何種方法、使用判斷與想像力的方法，以及作品是否有用及被人所接受而定。在政策分析中，技巧的重要性比起其他領域更為重要，因為它的結論無法依格言的標準來證明正確或不正確，反而是它必須滿足大眾作為適當標準[58]。對於同一個問題，分析師可以想像不同的情境、不同的問題界定、挑選不同的模型與評估標準、不同的比較或操控工具，並且做出會導致不同解決方案的判斷。

　　雖然決定分析的價值取決於分析師的風格，技巧標準又提供他們不同分析階段的工具：有關概念的分類、途徑、工具、資料篩選、可以在不同學科情境及分析中用到的論證與推薦。還有，這種方式或可讓分析師發覺可能的概念謬誤或程序上的瑕疵。基於此，Wildavsky 表示：

> 技巧與技術不同。技巧是運用限制來引導研究，在習俗的範圍下解放而非限制分析，以及事實上操控各項限制可以讓分析成為可行……[59]

　　一般認為技巧包含兩個基本元素：知識與技術[60]，或指以學術為基礎的技術[61]，於是好的分析不僅只是告知「要做什麼」或「如何瞭解」[62]，還必須設法避免各項陷阱。根據這個說法，政策分析的技巧本質不僅透過控制、靈敏，以及輕鬆的方式來呈現[63]，也藉由對限制的操控並察覺可能的錯

---

57 Wildavsky, *The Art and Craft of Policy Analysis*, 401.

58 Majone, "Craftsmanship," 3. 亦見 Majone, *Evidence, Argument and Persuasion*.

59 Wildavsky, *The Art and Craft of Policy Analysis*, 398.

60 Majone, "Craftsmanship," 3. 亦見 Majone, *Evidence, Argument and Persuasion*.

61 Wildavsky, *Craftways*, xiii.

62 Ibid., 19.

63 Majone, "Craftsmanship," 4. 亦見 Majone, *Evidence, Argument and Persuasion*.

誤概念來展現。Lynn 與 Majone 認為分析師常犯一些概念上的錯誤 [64] [65] [66]。Majone 強調陷阱是它們與分析師所用的技巧間關係的產物。這些陷阱可能與政策分析的各個階段都有關：問題設定與資訊蒐集、使用工具與方法、證據與論點，以及結論、溝通與執行 [67]。

最終而論，有效的政策分析師擁有專門技術 [68]。Meltsner [69] 依照分析與政治技術，將政策分析專門知識的分類加以公式化地說明。分析技術的控制隱含在技術上熟練分析的表現，而政治技術則是跟組織裡有效行為的能力有關，並且能夠與公務員溝通。「偽裝者」終究只能擁有低階的分析與政治技術，「技師」可能分析技術高超，但不一定擁有高度政治專業，而「政客」被視為擁有低階分析能力，但擁有高超的政治手腕。事實上，很明顯地，行政部門通常不信任擁有高超政治技術的分析師，而寧願選擇技師 [70]。高超的技巧指的是那些在分析與政策分析階段中作出闡述的包商，他們有能力和信心去發現政策分析更廣泛的社會功能，並且在倡導與維護組織或政治利益之餘，還能保持客觀的立場 [71]。

根據這個領域的眾家說法，政策分析的指導大綱應該強調，如何運用那些可以藉由練習與模仿而得到知識與技術的各種方法；再者，它應該讓分析

64　Ibid.

65　Lynn, *Managing Public Policy*, 95.

66　參見 Majone, "Craftsmanship" 18, 19 和 23。亦見 Majone, Evidence, Argument and Persuasion.

67　Lynn, Laurence E., Jr. "The User's Perspective." 見 Majone 與 Quade, *Pitfalls of Analysis*, 95.

68　Lynn, *Managing Public Policy*, 180.

69　Meltsner, *Policy Analysis in the Bureaucracy.*

70　Lynn, *Managing Public Policy*, 179.

71　參見 Meltsner, Arnold J. *Rules for Rulers: The Politics of Advice*. Philadelphia: Temple University Press, 1990.

師藉由對判斷的知覺活動來確認陷阱[72][73]。確認政策分析需要有這些忠告，David Weimer 問道：「我們是否能夠發展一個通用準則，讓政策設計的技巧可以不僅只是一門藝術？」[74] 這個問題的答案就是過去幾年來，一些研究報告確實已經提供有關分析的運用概念與實際方法，但是這些準則不僅針對特定的案例[75][76][77][78][79]，還包括政策分析過程中特定的階段或工具，比方說 May, Behn, 與 Bardach[80][81][82] 就生產非常有價值的著作。在本書對操作型規範方法的討論中，我們試著將適用方法擴大到政策分析中的每一階段，以及相關面向。

　　吾人必須在此提出警告：這些準則並不意味著所有的原則都是同樣重要，或是互不隸屬，或是指它們對分析效率上的衝擊是附加的。政策分析是在許多不同情境與支持下達成的；情境與支持對於人們期待分析師如何表現是很重要的。因此，由於背景與文化對於

72 Majone, "Craftsmanship," 3. 亦見 Majone, *Evidence, Argument and Persuasion*.

73 Lynn, "The User's Perspective," 112.

74 Weimer, "The Craft of policy design," 11, ¾: 370.

75 Castellani PJ. Closing institutions in New York State: Implementation and management lesson. *Journal of Policy Analysis and Management,* 1992; 11, 4: 593-611.

76 Balch GI. The stick, the carrot, and other strategies: A theoretical analysis of government intervention. *Law and Policy Quarterly*, 1980; 2, 1: 35-60.

77 deLeon, Peter. "A Theory of Policy Termination." 見 *The Policy Cycle*, Judith V. May, Aaron B. Wo;davsky, eds. Beverly Hills: Sage, 1978.

78 Rivlin, Alice. "Social Policy: Alternate Strategies for the Federal Government." 見 *Public Expenditure and Policy Analysis*, 2nd ed. Robert Haveman 與 John Margolis, eds. Chicago: Rand McNally College Pbl., 1977, 357-384.

79 Behn RD. Closing the Massachusetts public training schools. *Policy Sciences*, 1976; 7, 2: 151-171.

80 May PJ. Hints for crafting alternative policies. *Policy Analysis*, 1989; 7, 2: 227-244.

81 Behn, "Termination II: Some Hints."

82 Bardach, "Gathering data," 2: 117-144.

嘗試決定採用哪種最佳的操作是很重要的，特定的原則可能會否定或敏銳地彼此修正，也可能需要進行文化的調整。

再者，問題的大小可能涉及到政策制定者與政策分析師之間的關係。比方說經濟或政治背景對於同樣的政策問題可能會因為國家大小不同，以及其他地方與國家層次的不同，而有顯著的差異。

另一個考量點是分析師的自主性。分析師直接為政策制定者或客戶工作。在所有的情況下，除了客戶導向的關注外，在政策分析過程中必須要包含一定程度的專業自主性以及混合技術、想像力。這些也是對判斷力的一種鍛鍊。

有經驗的讀者可以從以下的規範中取得最適合自身文化、政治、國家或組織情境的方法。

誰是本書的客戶？

政策分析就是提供決策制定者的行動解決方案。雖然分析師可能會推薦或是大力提倡某種解決方案，政策議題並非由分析師所決定，而是行政部門，他們是指定或透過選舉所產生的政治行為者。行政部門持續不斷地面對問題並且需要考慮各種方案。有時他們能夠自行分析，有時會尋求專業分析師的協助。對於政策分析技巧有更深入的瞭解，可以證明對那些政策分析的實行以及思考方案的人都有利。

本書為做出最佳的政策分析，而提出概念、方法與工具。它是為學者與研究者，還有實際從業者與分析者而寫。因此，政治學、公共政策、行政與管理方面的學者與學生、政策分析師、公務員、智庫、政府顧問、國會議員與助理、以及行政部門都應該會很有興趣，這些人對於「如何做」與「避免哪些陷阱」應該都很感興趣。

研究者與有經驗的政策分析師，可把本書當成他們做研究的操作清單；學習政策分析的學生，可將本書當成政策分析與政策計畫的方法論教科書；有天賦的政策分析師，可從中發現有助於增進他們的技術，並成為成功的政策分析承包商。

我們相信行政部門，就算他們不自己做政策分析 (在大多數的情況下都是如此)，也應該瞭解分析師如何進行分析，以及如何達到他們的結論。本書應可使決策者鑑別何謂優秀的分析、執行面有多困難，以及宣傳差勁的分析。對於遊戲規則有經驗、對於政策分析的操作面向有所瞭解，以及「感覺到」分析過程中的批判面向，都是決定採用哪個政策計畫書時非常重要的因素。總之，採用任何政策與執行決策行政部門都要負責任。

本書內容規劃

本書分為五章，每一章討論一個政策分析時的重要步驟：從界定問題到論證問題，透過構模與確認方案。雖然我們認為政策執行是政策分析各個階段所產出的副產品，但政策執行並非一定是政策分析的一個階段，本書第五章討論政策的終結，它所衍生的問題比執行政策更多，所以需要特別注意。

在希臘文中，「分析」是「將完整的東西拆為各個零件」。政策分析的文獻對於政策分析過程有各種不同看法。我們將這個過程視為四個連續又反覆的階段。Bardach [83] 指出 8 個步驟：「確認問題、建構方案、選擇標準、預測結果、組合證據、面對得失、做決定！以及公諸於世」。Patton 與

---

[83] Bardach, "Problem Solving," 1. 亦見 Bardach, Eugene. *Policy Analysis: A Handbook for Practice*. Berkeley: Berkeley Academic Press, 1996.

Sawicki [84] 則說明問題界定、建立評估標準、確認方案、評估方案、展示並分辨各種方案，以及監督已執行的政策。Weimer 與 Vining [85] 則將政策分析視為包含問題分析與解決方法分析的溝通過程。Lynn 闡述政策分析是包含確認政府行動的目的、對方案的確認與評估、對政府行動特殊設計的挑選，及對政府執行行動能力評估總合的一種結構 [86]。

　　事實上，就如本書中的文獻探討所示，當代各學派的研究途徑都很類似。他們將政策分析分為好幾個階段，就是一種概念化，不論是適用一般方式或細部方式，它們都具有相似的原則、策略與技巧。不管怎麼分類，整體的共識就是客戶與分析師之間的合作關係是最為重要的，而分析基本上是反覆的過程，因此必須對定義、評估標準、變項與方案不斷地重新規劃。政策分析的技巧在每個階段都需要被用到。為了支持我們對於政策分析技巧的看法，我們將嘗試以一致性的態度表達這些不同意見。

　　在第一章中，我們將問題界定視為確認問題與最終方案選擇的關鍵。政策分析過程的第二階段就是模型建構，這是為了預測可能的結果，變項在這裡被一一檢視、組合與評估。第三章討論方案的選擇，這也是政策分析最核心的部分。第四章討論政策論證與倡議。本書最後一章討論政策執行中最有問題的部分：政策的終結，它是一個很少在文獻中被討論的公共政策領域，在現實生活中也很少發生。我們認為比起其他大多數政策執行過程，執行政策終結提供更多的政策分析的效度：它暗指政策分析是個學習的過程，沒有這個過程政策分析，也就沒有存在的理由。

　　不同於大多數傳統政策分析文獻的做法，我們謹慎地不把評估與執行拆為兩章，將評估視為政策分析各個階段中不可或缺的部分，在不同的情況中

84　Patton and Sawicki, *Basic Methods*, 3.

85　Weimer and Vining, *Policy Analysis*, 183.

86　Lynn, *Managing Public Policy*, 173.

扮演不同的角色與功能。舉例來說，資料評估在各個階段都是資料蒐集的一部分；在這裡它被用來瞭解問題與設定，在挑選方案階段時，它是用來比較與借用目的。此外，評估與評估標準在構模階段被用來預測，而在挑選備案過程用來挑選備案。

我們認為政策執行並非政策分析過程中實際的一部分，而是一個主要的後續考量，而且通常是客戶與股東的責任。然而，我們認為任何其他推薦的成功執行是為了迎合政策分析各個階段不同考量的結果。因此，本書中我們再三強調，分析師與背景及角色、行政、政治與技術可行性都有關聯，並且將任何建議的操控遊說 (heresthetics) 與對價值、信念、動機，與機會的瞭解連結起來。

這五章都包含了一些共同的題目。它們與成本分析、法律與道德考量、政治可行性、分析師與政客間不同的途徑、評估標準的效用、方案的選擇、執行機制與得失取捨、成本效益分析、反覆分析過程、呈現方式、說服與倡議及陷阱都有相關。

每一章中，用來說明政策分析原則的規範，一開始在政策分析的特定階段以一般方式呈現，然後這些規範逐漸聚焦在概念、標準與密碼。最後，它們提供技術指導。不論它們的本質為何，每一個規範都會伴隨衍生或挑戰原本操作推薦的討論，也摻雜了其他學科的例子，如安全、健康照顧、教育、福利、經濟學、環保等，來加以論證這個規範性政策分析途徑。

Chapter 1
政策分析的問題界定

引言 [1]

政策分析上，「問題界定」階段對這領域提供了固有調查程序的架構與方向。不過，政策分析程序的概念化過程可能是多樣化的，各種文獻都一致認為問題界定乃研究的第一步驟 [2] [3] [4] [5]。事實上，在這個階段所做的決定，對於突顯問題的相關資訊、變數、相互關係、標準、價值觀以及預測和評估辦法的範例，可能都會影

---

1 引言重點的討論詳述於內文，讀者需對應參照下面所列的參考文獻。這些文獻替每章中所提的議題提供背書與延伸，且反映了政策分析領域一般看法。

2 Bardach, "Problem Solving," and his *Policy Analysis*, 1996.

3 Patton and Sawicki, *Basic Methods*, 21.

4 Weimer and Vining, *Policy Analysis*, 183.

5 特別值得一提 David Dery 關於組織內問題界定的書：Dery, David. *Problem Definition in Policy Analysis*. Kansas: University Press, 1984.

響最後所選擇的方案，進而衍生出最終極的政策選擇 [6][7][8]！

可能會有人錯把問題界定聯想為只是單純的問題敘述，以及一個簡短且毫不複雜的階段。但政策分析師卻能證明這完全不是這麼一回事，它已超乎資料收集與資料綜合的範疇。蓋問題界定所需要的是一個勇於創新、創意十足的腦袋，以及高度純熟的技巧。其中最困難的部分就是「創造」問題 [9]，而非形容問題。

分析師最主要的責任是辨識問題的真實情況或情境 [10][11]，但這可不是件容易的差事。理由是：首先，問題的情況意指需求與渴求之間有差距，或期望與可能性無法一致；且從原有的問題推斷，得知造成問題的原因不只一個。第二，委託者通常傾向於呈現「症狀」或有問題的方案，而不是用可以後續檢驗的一致性分析方法來擬定所有的問題 [12][13]。此類問題的建構可能只存在於所謂的尋找對策。第三，問題情況擾亂了參與者、政治利益、地點、價值和態度，外加資源、官僚

6　Weimer and Vining, *Policy Analysis*, 183.

7　Bardach, "Problem Solving" and *Policy Analysis*, 1996.

8　見圖三。

9　Wildavsky, Araon B. *Speaking Truth to Power*: *The Art and Craft of Policy Analysis*. Boston: Little, Brown, & Co., 1987.

10　MacRae and Wilde, *Policy Analysis*.

11　特別值得參考的是 Braybrook, David and Lindblom, Charles E. *A Strategy of Decision, Evaluation, Policy Evaluation as a Social Process*. NY: Free Press, 1970 與這個議題相關的討論。

12　Weimer an Vining, *Policy Analysis*, 183. 作者用托兒所為例子給了一個比喻：客戶通常會提出問題的一個癥狀：我的委託人在抱怨托兒所費用的上漲。或是他們可能說「州政府是否應該要補助托兒所的餐費」。而一致可分析的問題界定應該表達如下：「管制下的托兒產業是否應該要提供有效率且公平的服務？如果不是，為何？」

13　Wildavsky, *The Art and Craft of Policy Analysis*.

的不成文法律和慣例、規定和法定詮釋等等的綜合 [14 15 16 17 18 19]。

再者，檢驗過這些因素後，分析師應自問為何其他人都失敗，以及其對問題界定有什麼獨創性貢獻。在這個階段中，創造性與技巧是指辨識並檢驗問題所產生的作用 [20 21]，以及環繞其四周的各種因素及狀況。透過政策調查觀察變數和交互作用的選擇與結合，並且以簡潔的法規說明，進而透露出一種對問題評估的意識。

如果政策分析類似解決問題，這同時也意味著試驗和錯誤的持續過程，以及透過問題定義階段與接下來各階段在問題界定方面所作的試驗性嘗試 [22 23 24 25 26]。當事人在任何階段所得到的任何新資訊，都可能改變分析師對問題的瞭解，並可能因此需要重新陳述問題。想像力、直覺、技巧和與顧客保持合作，應該可以滿足這個互動過程，

14 Behn RD. Policy Analysis-Policy Politics. Institute for Policy Sciences-Public Affairs: Duke University, 1979, 17.

15 Meltsner, "Political feasibility," 32: 859-867.

16 Meltsner, *Policy Analysis in the Bureaucracy*.

17 Patton and Sawicki, *Basic Methods*, 170.

18 May PJ. Politics and policy analysis. *Political Science Quarterly*, 1986; 101, 1: 109-125.

19 Bardach, "Problem Solving," 2.

20 Bardach, Eugene. *The Implementation Game: What Happens After a Bill Becomes a Law*. Cambridge, MA: MIT Press, 1977.

21 Bardach, "Gathering data," 2: 117-144.

22 Wildavsky, *The Art and Craft of Policy Analysis*, 19.

23 Bardach, " Problem Solving," 1.

24 May, "Hints for crafting alternative policies," 7, 2:230.

25 Patton and Sawicki, *Basic Methods*, 77.

26 Wildavsky, *The Art and Craft of Policy Analysis*, 19.

以及建立溝通的共通點和確保未來執行的可能性 [27] [28] [29] [30] 。

　　本章所提供的討論和操作，乃根據我們對問題界定概念所篩選出來的。我們將問題界定視為一種必須以公共價值與公共議題為基礎的創新與互動過程。問題界定的精妙之處，在於分析師對於背景內容與參與者的瞭解能力、透視政策與政策目標的差異，以及分辨症狀與實際問題的不同。最後，分析師對於辨識變數，以及取得、收集並綜合分析的技巧，乃決定問題界定的複雜度，與左右最後方案的選擇。

界定過程的本質

將問題界定視為一種創新過程。

　　設定與重新設定問題，乃政策分析師最重要的職責之一。問題不可能以一種所謂客觀定義實體的形式，即「等著被解決」的形式呈現。而是依利害關係人的參考框架，使得儘管是單獨一組情形，也可能會產生各式各樣的問題 [31] [32] [33] [34] [35] 。Wildavsky 認為，對政策分析

27　Meltsner, *Policy Analysis in the Bureaucracy*.

28　May, "Politics and Policy analysis," 101, 1: 109-125.

29　Webber DJ. Analyzing political feasibility: Political scientist's unique contribution to policy analysis. *Policy Studies Journal*, 1986; 14, 4: 545-553.

30　Majone G. On the notion of political feasibility. *European Journal of Political Research*, 1975; 3: 259-272.

31　Dery, *Problem Definition*, 25-26.

32　MacRae and Wilde, *Policy Analysis*, 17.

33　Arnold Meltsner 作品是第一個清楚提及行動者、動機、資源和政治環境的參文獻料。主要參照：*Public Administration Review*, 1, 972; 32: 859-867. 及他的 *Policy Analysis in Bureaucracy*. Berkeley. UC Press, 1976.

34　Patton and Sawicki, *Basic Methods*, 301-302.

35　Ibid., 149

師來說，問題解決的難度等同於問題製造。

- 從社會角度看來，這是個值得解決的問題；
- 用現有的資源足以解決問題；
- 當「發生問題時」，這個問題是有法可解的 [36] [37] 。

如同 Levin 和 Sanger 所聲稱的：「所謂的創新通常都不是從新概念和新方法中產生，而是結合熟悉事物所產生的，或未曾嘗試過的方法而產生」 [38] 。這些由出色概念所產生的特殊情況，是決定最後能否成功分析的因素 [39] 。對於出色的概念當然要把握住；但是，我們仍要建議經驗豐富的分析師，考慮從一般清單到政策創新中做出一份由上而下的設計。另外，與顧客一同建構問題時，並不是逐字逐句地解決客人描述的問題，而是在於創造出一個獨特解決辦法的問題 [40] ，這才是分析師所面臨的真正挑戰。為了達到進一步引導出創意十足的企劃案，而進入全新問題界定層次，你的分析應該以考慮制度誘因和規則，以及相關操控遊說作為基礎 [41] 。

別把問題界定階段的重點放在研究解決之道的錯誤迷思中。

　　政策分析中的問題界定階段，通常是影響可執行手段的關鍵。不

---

36 Widavsky, *The Art and Craft of Policy Analysis*, 388.

37 Bardach (1992, 1996), 如同 Wildavsky, 認為政策分析是一種問題解決的過程。

38 Levine, Martin A. and Sanger, Mary B. *Making Government Work: How Entrepreneurial Executives Turn Bright Ideas into Real Results*. SF: Jossey-Bass, 1994, 145.

39 Ibid., 87.

40 關於顧客 - 分析競合的重要性，請查看 B 部分。

41 Weimer, "The craft of policy design," 11, 3/4: 375.

過，我們警告分析師要小心選擇解決問題的方法，他必須先辨識問題，才能考慮之後的步驟 [42]。

　　與問題相關和較不相關的觀點都要揭露出來，才能同時作出恰當行動及合理假設的敘述 [43]。

　　第一，如果採取的方法太死板，你可能會在界定問題時陷入無法執行、解決的窘境。這也呼應了 Wildavsky's 的理論：一部分政策分析的技巧，在於為解決方法創造問題 [44]。第二，可能有解決錯誤問題的風險，請參照「第三型錯誤」 [45] [46]。

　　再者，不專注問題界定階段，也被視為是時機與重點議題。建議在問題界定階段中，是個不可或缺的要件，因為問題有即時性，以及之後的分析也必須在短時間內完成 [47] [48]。最後，基於立論目的，分析師為了突顯問題的要素，以導向想要的方案，可能會重新設定問題界定。重新專注在問題所扮演的角色，就能提高公眾利益和注意，並獲得政治援助 [49] [50]。

42　May, "Hints for crafting alternative policies."

43　Ibid., 230.

44　Widavsky, *The Art and Craft of Policy Analysis*, 17.

45　Dunn WN. Methods of the second type: Coping with the wilderness of conventional policy analysis. *Policy Studies Review*, 1988; 7:720-734.

46　Weimer, "The current state of the design craft," 53, 2: 112.

47　May, "Hints for crafting alternative policies," 7, 2: 112.

48　Patton and Sawicki, *Basic Methods*, 54.

49　Weimer, "The current state of the design craft," 53, 2: 112.

50　This issue is also raised byWeiss JA. The powers of problem definitions. *Policy Sciences*, 1989; 22: 97-121. And by Kingdon, *Agenda, Alternatives and Public Policies*.

採取逆向式的問題界定　　　　　　ooPoo [51](小心！常犯重要錯誤)

在從事政策分析的時候，誘發分析的問題情況有可能會順勢改變，因此需要把衍生的新範疇加入你最初的問題界定。你應該隨時重新審視自己的起點 [52]。這有可能會發生在客戶身上，因為政治環境的變遷誘發了分析研究，對問題界定的熱門話題也明顯降溫，甚至已經被另一個正在發生的重要問題所取代了。在這種情況下，逆向式的問題界定就成了要關注的議題 [53]。

此外，對於代表問題的變數調查也可能岌岌可危。這時，可用的資料分析、諮詢專家和利益關係人，以及可能的替代定義都可能導向重新定義問題。「在這個案例中，問題的範圍會逐步縮小並受到控制，甚至可以利用手邊的資訊與資源來解決問題。」[54] 根據 Weimer 和 Vining 的說法，分析過程需要分析師的程度更甚於逐步埋頭苦幹，因為在分析初期所顯現出來的結論、架構和範例規格，會不斷地被新資訊和更深入的見解所挑戰與更新 [55]。

如果政策分析被視為解決問題的過程，那麼，透過「一種嘗試和錯誤的過程，也就是一種反覆的過程」，這種分析過程，歷經許多個階段才能反覆做好幾次 [56]。把反覆分析這個方法納入政策分析，可以

---

51 The symbol P draws attention to a particularly important pitfall.

52 Widavsky, *The Art and Craft of Policy Analysis,* 2-3.

53 Polya, George. *How To Solve It*. New: *A New Aspect of Mathematical Method*. York: Doubleday, 1957, 223-232. 如果要看 Elmore RF. 逆向式意象圖相關的概念，請參考 Implementation Research and Policy Decisions. In *Studying Implementation: Methodological and Administrative Issues*, Walter Williams. Ed. Chatham, New Jersy: Chatham House, 1982, 18-35.

54 Patton and Sawicki, *Basic Methods*, 54.

55 Weimer and Vining, *Policy Analysis*, 180.

56 Bardach, "Problem Solving." 亦見其 *Policy Analysis*, 1996.

在還未確定問題界定，或是議題目標和目的是否被恰當定義前，讓分析師得以開始著手進行。不斷催促自己開始做，因為你知道一旦它被證明為錯誤的，你總能回過頭去再修改已定的假設，這也可以讓你避免落入所謂的「分析癱瘓」。

從以上的敘述可歸納出一個準則：把反覆方法納入分析過程的條件是，當你已欣然同意你的分析時，要記得在你分析的初步階段，不斷地尋找更多資訊和更深入見解的可能性。

Elmore 則把逆向思考視為一種透過幾個反覆階段，而得到的關注問題，再對之設計出方案的一種由上而下的過程。他極力主張分析師必須：

> 要從可以造成政策干預行為的具體說明開始，描述一組預期可以影響行為的組織性運作。先形容這些運作的預期效果，然後再描述在每一個執行的階段中，預計該預期效果對標的行為的影響有多大，以及要運用什麼樣的資源才會產生這樣的影響力 [57]。

在某種程度上來說，逆向思考是一種從問題界定，透過系統模型化和變數的控制，再轉變到控制變數的替代方法。因此，讓政策分析

---

[57] Elmore, RF. Backward mapping: Implementation research and policy design. *Political Science Quarterly*, 1979; 94: 612. 也可參考 Weimer and Vining, 311-314 and 183. 作者們為方案解決方法的產生討論情節撰寫和逆向及順向意象圖的技巧。Levin and Ferman 認為順向意象圖是一個可以用來認定一個人是否會有動機把事情搞砸的一個方法。Levine, Martin A. and Ferman, Barbara. *The Political Hand*. New York: Pergamon Press, 1985, 322; May 關心政策窗口的認定並找出擴大窗口的方法。May, "Politics and policy analysis," 101, 1: 117.

成為一種受控的理性主義過程[58]。

　　比較務實的說法是，Weimer 和 Vining 建議你使用並列式檔案，讓反覆過程變成一種練習：即每一個分析步驟建立一個檔案、一個界定問題、一個辨識目標；另一個則建立評量的標準等等。當你想到有關問題界定階段的想法時，就算你已經到了另一個階段（見圖1）[59]，也要把它寫下來。

　　事實上，我們強烈建議你：不要丟掉任何沒用到的資訊或是忽視周圍的人員。隨著事件的不斷呈現，周圍的人員可能會涉入其中，而看起來不相關的資料也可能會派上用場。利用檢查表、顯示議題的圖表，和編碼的決策樹、分類的政治資料、人員的職位，以及問題的順序。順著這個連續體，分析師可以在有需要的時候，逆向推論，重新表述問題[60][61]。

　　有鑒於問題界定的複雜性，請記住，各種分析不但要避免日後執行上的潛在危機，同時也要找尋通往新目的地的更好路徑[62]。

　　這意味著，你應該在為問題尋找新辦法前，先思考為什麼其他人會無法解決這個持續的政策問題。而為了找出更好的路徑，你應該提供不斷嘗試和錯誤的機會。它們都應該被承認並安排在政策的決策過程中。

---

58 Weimer, "The Craft of policy design," 11, 3/4: 374. 也可參考 Weimer and Vining 1989, 314.

59 Weimer and Vining, *Policy Analysis*, 183.

60 Patton and Sawicki, *Basic Methods*.

61 House, *The Art of Public Policy Analysis*, 62.

62 International Institute for Applied system Analysis. *Beware the Pitfalls*, 21. 此出版品大部分以 Majone and Quade, *Pitfalls of Analysis* 為主

圖 1 問題界定過程

問題背景	問題定義	政策目標	限制	找尋方法	解決方案	判斷準則	替代方案
行動 1. 2.							
動機 1. 2. 3.							
價值 1. 2. 3.							
其他 ?							
場景 A. B. C. D.							
資源 X. Y.							
事件 E1. E2. E3. E4.							
政治資訊 P1. P2. P3.							
其他 ? ?							

建議行動
X. _____
Y. _____
Z. _____

預測行事
a. _____
b. _____
c. _____
d. _____

　　Majone 用一個數學史的範例做說明 [63]。數學中發展不可能定理的概念。其中一些基礎代數學和幾何學的經典問題，例如把圓形變方型、把一個斜角任意切割成 3 等份，或破解五次方或更高的方程式，這些都是「不可能性的證明」。幾個世紀以來，傑出的數學家們都試圖找出正確的解決辦法，但都徒勞無功，直到最後大家終於瞭解到，關鍵問題並不是「什麼方法可以破解這個和那個問題？」而是：「該怎麼證明有些問題是無解的。」不可能性是透過某些特定平均值，例如以尺規和圓規而加以界定的。

　　「數學史對政策分析來說有幾個有趣的啟示。第一，它指出要問什麼事情辦不到和辦不到的理由，會比問什麼事情辦得到來的有結果 [64]。第二，這些數學範例可以提醒你，在未徹底瞭解什麼解決方式是可行，什麼是應該被摒除在外之前，不要判定一個問題是可解或無解的 [65]。

　　不過，分析師應該瞭解，要不顧或摒除經濟或制度約束，往往都有所謂的政治困難度。例如，1970 年代的租金管制提倡者，就無法驗證出為什麼早期對租金管制的努力，卻導致幾乎每個人的情況都變得更糟。他們不鼓勵建蓋出租公寓，卻又去維修現有的公寓，同時鼓勵脫手舊式房屋或把它們改建為辦公空間 [66] [67]。

63　Ibid., 71-72.

64　Ibid., 74.

65　Ibid., 74.

66　有關租金管制議題，Dave Weimer 注意到在 GSPP 的 Lee Friedman 曾說租金管制並不必然會造成問題。但回過頭來說，智慧地設計可容忍的租金調漲幅度，此雖導致追價費用的上漲，但不需要對新建或改建出租住宅實施初期租金管控，且改建設限（關於這個議題請參考下一個附註）。

67　David Weimer 建議租金管控議題必須要審慎的處理。他敘述他的發現和 Lee Friedman 的途徑有所不同：在 ,Weimery 的研究中，他仔細檢視能源部門價格的控管。出乎意料之外，他們發現能源的使用不但沒有效率而且很多時候是不符合公平

要先從大眾所關注的事項加以考量，而非強調手中的實質議題來展開問題界定的過程。

　　MacRae 和 Wilde 探討公共政策問題時，特別注意兩個層次[68]：第一個層次，即所謂的「問題情境」，也就是由公共價值、期望和關注事項所產生的情境[69][70]。失業和人們害怕失業所伴隨而來的恐懼，都源於一種情境特色。根據作者的觀點，這一系列的價值、期望和恐懼，構成問題界定中第二個層次的基礎。第二個層次即作者所謂的「分析師的問題」。它涉及到問題情境的特定構成，而這個問題情境又描述了實質問題、政策方案以及這些方案可能的結果。

　　首先，在失業這部分，舉例來說，你可能會從利率、物質的品質、人文基礎工程建設和全球經濟動力學等整體互相作用的結果，來定義這個問題。因為大眾關注的事項，提供一個設計方案的機會，如果沒有好好地解決這個關注事項，極可能危害到分析的適宜性和大眾對你分析的支持。

　　分析師要知道，問題的情境或「議題」的爭議，可能引起不只一個問題和問題界定。Bardach[71]極力主張分析師不要尋找超過一個問

　　　原則的。以一個標準的汽油價格控制分配分析為例，主要考量不同收入水準下製造者和消費者租的分攤。此分析忽略了一個重點，無效率的價格控管會導致大輸家：失業者因為無效率緣故。一個完整分配的分析應包含操作價格控管而出現不合理的人。所以一個強而有力的反租金管制案例是在公平的基礎上探討租賃者和潛在租賃者關係，甚至於比效率更重要。

68　MacRae and Wilde, *Policy Analysis*, 18.

69　Bardach 提出一個重要區分 1992, (1996) 3。他認為這個階段「某些條件人們不喜歡或考慮，『不好』」，而這些「可疑」但未被證實的用語是狀況起因的來源。

70　Kingdon, *Agenda, Alternatives and Policies*，有 109 個區別來區分「條件」與「問題」。條件會變成問題只有在我們覺得某些東西要被完成時才會變成問題。

71　Bardach, "Problem Solving," 3.

題界定，因為到時情況可能會失控。唯有在當問題並不複雜，或問題
出現嚴重重疊時，你才能決定採用第二種方法。

當你碰到一個問題情境時，回溯一下並考慮引起大眾關注的普遍價
值[72][73][74]。

　　問題界定必然會導向政策目標，以及導向目標和問題情境或「情
況」間的差異。這些目標包括了價值觀與對這些情況的詮釋。因此，
問題之所以會浮現，乃是由於關注的情境與目標和價值之間產生了客
觀及主觀上的差異。Lynn 相信這些早就存在的目標和價值，可以刺
激並幫助政策制定者辨識他們所面對的問題[75][76]。而在試圖辨識問題
時，分析師應考慮到引起關注的價值、顧客和觀眾所秉持的價值，因
為這些都會立即受未來所用的解決辦法所影響。再者，分析師應該認
知到自己的價值觀，因為它們在你的觀察、問題情境分析以及最後的
問題界定，都有著舉足輕重的地位。

　　Kingdon 指出保守主義者所持有的可能價值觀，是不同於自由主
義者主張以政府去對付貧窮。前者可能會將它視為一種情況，但後者
卻將之視為一個「適用政府行動」的問題。醫療照護是另一個圍繞在
價值與理想主義間的例子。如果將某個團體接受健康照顧視為一種權
力，那麼問題界定就會牽涉到如何試圖保障那個權力，因為有些人並

---

72 MacRae and Wide, *Policy Analysis*, 18.

73 Patton and Sawicki, *Basic Methods*, 149.

74 在 William N. Dunn's 所編輯的書 *Values, Ethics, and the Practice of Policy Analysis*.
　　Lexington: Lexington Books, 1983. 對於政策分析中的價值和道德議題——如實務中概
　　念、困境和標準中有完整的調查。

75 Pal, *Public Policy Analysis*, 9.

76 Lynn, *Managing Public Policy*, 37.

無法得到醫療照護。另一方面，如果

> 有人將得到醫療照護認為是一件很好的事，而非一種權
> 力時，那麼，取得上的差異將會被定義成一種情況：當醫療
> 照護被定義成一種權力的觀念，並普及於所有人與制定健康
> 政策的專家時，要求政府設計完整的全國健康保險的壓力就
> 會變得更大 [77]。

這樣的認知，有助於避免分析師對問題產生人為的限制，並免於
陷入忙著追求政策目標，以及為了完成這些目標而導致太過於狹隘的
情況 [78]。此外，分析師在尋找可能推行的解決之道時，他們必須將價
值視為在任何背後模型建構時的主要變數。而任何一組未來的替代政
策方案，最後終將成為一組普遍價值 [79]。

舉例來說，綜觀公眾關注於美國貧民的福利事項。在沒有檢視價
值觀的情況下，有人可能會急著提出增加食物券、住宿券和其他非現
金方案等辦法給貧者。如果，議題的價值是有關貧者的普遍福利，有
些人可能會認定提供現金津貼給需要的人，是比較合適的因應政策，
因為現金讓貧者可以購買他們最重視的物品，藉此，主事者讓相同金
額的公共支出產生更大的「福利」。

尤有甚者，你應當瞭解構成問題情境的價值來源，以便界定你的

---

77 Kingdon, *Agenda, Alternatives and Public Policies*, 110-111.

78 Weimer, *Policy Sciences*, 148. 另一方面 Weimer 強烈建議讀者減低面向的數目或者切斷它們之間的關聯，因為它們互相聯結可能會變成非常複雜。

79 MacRae, Duncan Jr. "Guidelines for Policy Discourse: Consensual versus Adversarial." In *The Argumentative Turn in Policy Analysis and Planning*, Frank, Fischer and John Forester, eds. London: UCL Press, 1993, 297.

問題，可是要知道你的分析不能滿足所有人。主要是因為你的問題
界定過程是受限於客戶，以及與他有立即相關的團體所相信的價值範
圍 [80] [81]。

背景與行動者

你應該努力對決策內容進行更深入的瞭解，不論是組織方面或政治方
面，並且依此來執行你的工作[82]。

這有助於避免你的分析原則受到操控，也會減少你的分析被濫用
的可能性，並且讓你的分析結果更有影響力。因此，你應該辨識哪些
人是涉入的參與者、他們抱持的動機和信念、所掌握的資源、使用資
源的效力，以及為了能在危急時界定問題且下決策的時點。

以下為 Meltsner 的術語 : 行動者、動機、信念和地點，分析師
要釐清以下的問題才能界定政治問題 [83] [84] [85] [86] [87] (請見圖 2)：

---

80 Patton and Sawicki, *Basic Methods*, 149.

81 House and Shull 發現民主社會政策分析的架構中民意代表可以決定那些價值可以流
行，這些價值的決定似乎政治過程的一部分。因此，當定義一個問題時，價值的
考量被視為一個平常分母。Peter W. House and Roger D. Shull, *The Practice of Policy
Analysis, Forty Years of Art and Technology*, Washington: Compass Press, 1991.

82 Behn, "Policy Analysis – Policy Politics," 17.

83 Meltsner, "Political feasibility," 32: 859-867.

84 Meltsner, *Policy Analysis in the Bureaucracy*.

85 Patton and Sawicki, *Basic Mehtods*, 170.

86 May, "Politics and policy analysis," 101, 1: 109-125.

87 對於政策可行性的考慮要素，你也可以參考 Webber, "Analyzing political feasibility,"
14,4: 545-553.

圖 2　影響問題界定的因素

行動者
哪些個人或團體涉及在內？
誰被預期會牽扯在目前的問題中？

地點
問題發生的地點？
在哪裡做決定？
誰做的決定？
何時做的決定？

動機
他們的動機／需求／渴望／目標
　　是什麼？
他們想達成什麼？
有什麼能滿足各種行動者？

界定問題

資源
每個行動者掌控／擁有／得到的資源是什
　麼？
可以用來達到他們想要的東西是什麼？
他們渴望的方式和結局又是什麼？

信念
關鍵行動者的信念是什麼？
參加者所抱持的價值是什麼？
他們對問題所抱持的態度是什麼？
對可能解決辦法的態度又是什麼？

什麼是他們可以接受的？

　　行動者：通常有哪些個人或團體會關心這類型的問題，以及誰可能被理所當然地預期會涉入目前的問題？

　　動機：參與者的動機、需求、慾望、目標和目的是什麼？他們要什麼？什麼才能滿足各種不同的行動者？

　　信念：每一個關鍵行動者對這個問題的信念是什麼？各式行動者所抱持的態度和價值又是什麼？他們想要的方式和結局又是什麼？他們會滿意嗎？

　　資源：每個行動者會利用什麼來獲得他們想要的？資源通常是指金錢，但也有可能是管理技術或是一種時機感。有些個人或團體，比其他人更擅於利用他們的資源。哪一種行動者最有能力，而且也最容易獲得他們想要的？

　　地點：下決定的地方在哪裡？誰下的決定？何時下的？下決定的地點可以透過立法目的、行政程序或過往的衝突來辨識。有時候，決定會被分成好幾個部分，並在數個不同時點下決定。

把分析著重在客戶的需求上。

　　這是一個最根本而且最顯而易見的建議，因為實在太重要了，所以必須一再聲明。如果一個分析師希望自己是有所助益的，並且能將關注的事項所產出的研究結果做最大利用的話，就應該直接說明你客戶所舉出的問題 [88] [89] [90]。這又再次說明了問題界定的重要性。

　　至少有兩個利益會影響從階段的開始到整個過程的分析，客戶都維持著分析師與客戶之間的雙向溝通交流：產品的相關性，與「沒意

88　Weimer and Vining, *Policy Analysis*, 181.

89　Chelimsky E., "What Have We Learnt About the Politics of Program Evaluation," 11.

90　House, *The Art of Public Policy Analysis*, 62.

外」規則。首先，你有義務幫助顧客釐清他／她的真正需求。客戶可能對自己真正的需求會有所偏頗或只會注意眼前的問題 。

此外，從客戶的角度來說，利益這個議題可能會改變，而且會持續不斷地被重新檢視，好讓你的分析能夠回應正確的需求。以你的角度來說，你應該要對資料的限制和其他技術上的限制有所警覺。它們可能導致你的分析，在必須詳細回覆客戶的相關政策問題時，發生缺陷或根本就文不對題[91]。

同時，在問題界定階段，分析師應試著抗拒將分析導向他們所熟悉的領域。因為喜歡做你熟悉領域的分析是一種自然反應。為了不要太偏離正題，不妨加以自問，你的問題界定及所提出的分析，是否適合客戶所提出的問題並回應他的需求。

Chelimsky[92] 以另外面向與以下做相關聯：當客戶提出問題時，它其實已產生排除疑慮的效果。它同時也為所做出的建議增加可信度。根據這個觀點，可信度涉及到對客戶提出的特定資訊的回覆。以國會中的例子來說，如果沒做到這點，可能導致一個委員會所做的建議，將被另一個委員會以聲稱前一個委員會並沒有對應到實際需求，而加以推翻。

重要的是要明白一個事實，分析家和決策的政客對問題的看法總是不同的[93] [94] [95]。　　　　　　　　　　　　　　ooPoo（小心！常犯重要錯誤）

91　Ibid., 62.

92　Chelimsky, "What Have We Learnt," 11.

93　Behn, "Policy Analysis – Policy Politics," iv, 4, 12.

94　Patton and Sawicki, *Basic Methods*, 29.

95　Lineberry, Robert L. *American Public Policy: What Government Does and What Difference It Makes*. New York: Harper & Row, 1977, 33.

　　MacRae 和 Wilde 經由區分客戶問題和分析家問題，而提出了你對問題的概念化，如「對問題的看法是依你所選擇的」。雖然「你的問題」可能更精確且是以更深入的分析為基礎，但是你也必須預期會出現兩種不一致的狀況 [96]。

　　譬如，分析家可能著重於效率和產出，卻常忽略已經發生的成本 [97]，而政客則著重在對他選區選民的分配與投入，並尋求為已發生的成本找正當的理由。

　　模範城市計畫就是一個很好的例子，甚至被認為是一個將資源集中於一些城市鄰近地區的實驗。這個決定導致：1. 東北城市提出需求；2. 忌妒經費都給貧乏的西部；3. 將內陸南方城市轉換為海港都市。他們要求分散水資源的經費，重建他們衰弱的地方自治系統。政客無視於分析家們的看法，他們喜歡分配 [98]。

　　另一個例子是有關田納西流域管理局的 Tellico 水壩，這個水壩被查出成本超出利益。分析家們建議停止此項水壩計畫，但是因為已經有 1 億 3 千萬美元投入此計畫，所以政客們堅持執行到底 [99]。

切勿不經判斷就接受使用者的問題表述。而且探究客戶在陳述問題時所未言明的假設論述，本是你的專業責任。

　　　　　　　　　　　　　　　ooPoo（小心！常犯重要錯誤）

---

96 MacRae and Wide, *Policy Analysis*, 33-37.

97 清楚且完整探討沉入成本 (sunk costs) 請參考 Weimer and Vining, *Policy analysis*, 111-113.

98 Banfield, Edward C. "Making a New Federal Program: Model Cities." In *Policy and Politics in America: Six Case Strdies*, Allan P. Sindler. Ed. Boston: Little, Brown & Co., 1973. (Cited also in Behn, "Policy Analysis – Policy Politics.")

99 Behn, "*Policy Analysis – Policy Politics*," 14.

　　如果沒有依下列 4 點來做，往往會導致無法達致最佳標準的解決辦法。

- 利害關係人在考慮選擇方案時，通常只考量自己管轄的領域，但此舉可能存在陷阱。美國德拉瓦河河口的綜合研究就是一個很好的例子，該調查本侷限在使用者對德拉瓦河河口進行戶外娛樂的可能性。不過，這項研究並未考慮其他可能更好的選擇方案，即更適合這地區的戶外娛樂[100]。

- 客戶有時會對問題的本質感到模糊而要求說明。他們通常傾向以描述症狀的方式來說明自己的問題。例如，一個警察局長可能提出：「有太多的車禍事故」，而不是說明「因缺乏實施酒後開車法而導致越來越多的車禍事故」。有時候，客戶會請你說明一個特別政策的解決方案，來替代提出一個較好的問題，例如以提問「根據邊際成本概念，什麼是制定自來水價格的可行措施？」來代替提問「在乾旱期間，什麼是最公平且有效率的配置水的方法？」[101]

- 有時問題界定難以闡述，因為客戶的目標並不清楚或者看起來是相互矛盾的。Patton 和 Sawicki 認為：這是因為組織經常不能或者不將目標陳述清楚。從他的觀點看來，它是一個公共組織的特別問題，因為公共組織擁有多項任務、服務許多顧客，並且企圖回應改變或衝突的觀點。此外，權力(包括決定組織的目標)在大組織內是分散的，且小團體之間是互相競奪的[102]。

- 考慮你的客戶是誰，例如，他們的地位、影響力、可能的偏見或者

100　Bardach, "Problem Solving," 4-5. 也可以參考 Bardach's *Policy Analysis*, 1996.

101　Weimer and Vining, *Policy Analysis*. 此相同議題也可以參考 Eugene Bardach's 在 Bardach, " Problem Solving" and in *Policy Analysis*, 1996 的探討。

102　Patton and Sawicki, *Basic Methods*, 54.

所代表的族群或者個人。例如，在 Patton 和 Sawicki [103] 提出的青少年意外事故例子裡，一個政治候選人提出：「降低在高速公路發生屠殺」的訴求。客戶本是多元且對議題有不同的興趣。譬如政治家可能將它視為一面合適的競選活動旗；警察可能把它視為交通法律實施的理由；而且這計畫如被停止，駕訓班教練可能會害怕因此喪失工作；父母們則擔心他們孩子的安全；青少年則對保留他們開車的基本權利感到興趣。

另一方面，在界定問題時，你可以鼓勵客戶提出問題，以防你的問題建構有所疏漏。

你不可能看到問題的全部面向，而且客戶也可能不敢評論你對問題所下的界定。例如，IIASA (應用系統分析國際研究所) 對德拉瓦河研究的例子，環衛工程師使用溶氧量作為水質的主要指標。經濟學家因只關切成本效益分析，故不加以評論地接受這構想。結果卻造成在最大汙染水域提高溶氧水準，成了最佳政策選擇方案。缺乏探究問題而導致不必要的投資，是由於沒有其他最佳選擇，能讓這條河川更適於休憩活動 [104]。

考量民眾在參與問題界定和政策方案的共識上，應提供怎樣的幫助。

民眾參與可能會導致調查結果受限，或因對議題缺乏興趣或瞭解而加以反對。有了民眾參與，暗示著研究結果的可信度恐超乎方法論

---

103 Ibid., 56.
104 International Institute for Applied System Analysis. *Beware the Pitfalls*, 4-5.

的品質 **105**。例如，問題分析家只對某些特定的資訊感興趣，因此民眾參與在問題分析過程中，就有助於對那些特殊問題下界定時建立共識，並且可協助消弭那些圍繞在替代解決方法的歧見 **106**。本文提出至少有兩個原因可支持上述說法：第一，參與提供利益關係人有機會對「買進」做分析。因為當公民覺得他們在問題建構和解決辦法的調查過程中扮演一個角色時，政策的指示和分析就比較能被公民視為合理。

第二，處理問題的過程對於問題的基本認知與瞭解，能夠提供實質的貢獻。這些原則類似於「公民學習」的概念。這概念係來自於Reich **107** 描述華盛頓州塔科馬 (Tacoma) 聯邦環境保護局 (EPA) 所召開的一系列城鎮會議，目的在於該如何從處理當地的煉銅工業中建立共識。EPA 行政主管 William Ruckelshaus 使用城鎮會議來重新界定問題，以代替原本只是聚焦於該工業的危險性，或只是關心：不破壞當地經濟而找出什麼是最好的方式來控制砷放射。該市市民們開始提出各種不同的問題，例如，怎樣使該市經濟多樣化，而不需從事產生這種對健康有危害的產業 **108**。

客戶和其他有興趣研究的成員，應該在開始分析階段就參與議題界定的工程，尤其是在問題界定的階段。這是為了建立共同的語言，且在分析時增進瞭解。這樣的分析結果不僅能讓直接的客戶瞭解，更能讓其他需要此項結果的合作對象瞭解這項分析結果 **109**。

105　Chelimsky, "What Have We Learnt."

106　MacRae and Wilde, *Policy Analysis*, 33.

107　Reich, Robert B. *The Power of Public Ideas*. Camridge, Mass.: Ballinger Publishing Co., 1987, 123-156.

108　Ibid., 148.

109　This observation is stressed, among others, by Majone in Majone and Quade, *Pitfalls of Analysis*, 20. 關於支持 Majone 引用 Meltsner 的觀點請參考 " Political feasibility and policy analysis." *Public Administration Review*, 1972; 32: 859-867.

確認政策目標

確定目標和你的分析有關[110][111]。

當你無法列舉全部的政策目標時，就應該想到這些目標的確認，主要取決於政策問題的內容與背景，所以建議分析家要找出一些假設，這些假設與問題的關聯性從一開始就密不可分。

一個特別政策議題所追求目標的相關範圍，通常可以從利益團體建構問題和所提的解決方案中收集到資訊。(領會其中言外之意以辨別設定的目標是個很有價值的技巧)。假定把這些目標的關聯性當成是一個起點，而迫使你明確而非暗示性地予以排除。此外，在分析過程中，一個很重要的關鍵，就是選擇合適的目標，因為它將保護你和你的客戶不受全體選民輿論的攻擊。

千萬別陷於特定政策的目標，和政策本身的困惑之中。

ooPoo (小心！常犯重要錯誤)

Weimer 和 Vining 對上述兩者之間提供了一個有用的重要區分：政策本是用來說明一個特別問題的方案設計；目標則是用來評估一個特定政策的優點[112]。

將政策與目標混淆的危險是：你將摒棄評估那些在政策上具有意義的根據。請記住：一個政策的唯一價值，在於它會發展成一個或多個目標。例如，一個自由貿易政策，可以促進更便宜貨物的可行性，

---

110 Weimer and Vining, *Policy Analysis*, 190.

111 Patton and Sawicki, *Basic Methods*, 153 and 149.

112 Weimer and Vining, *Policy Analysis*, 194.

結果卻也達成了經濟效率的目標。又如，一個補助窮人的醫療政策不僅提升了進入健康照顧的目標，也促成公平分配的目的。另一方面，目標有其本身既有的價值，絕不同於那些用來促進它的任何特別政策[113]。

另一個要慎於目標和政策混淆的原因，在於限制考慮方案的範圍。分析家應該確認目標在開始時是非常寬廣的，以至於他不會太早被侷限於任何一個選擇。例如，柯林頓總統說，每位美國人都有權利得到足以負擔的健康保險。他只是將它作為一個目標來陳訴而已。實際上，這是他的政策。目的是要進入健康照顧。當然，比起健康保險，健康照顧可能藉由各種方法來滿足，例如透過政府直接供應照顧條款給全體或部分民眾[114]。

思考目標是否暗示著問題的界定，且此界定必須擴大，以便能補助有關其他公共問題等有價值的重要交換[115][116][117]。

如果沒有太多政策問題，特定政策目標與價值可能與分離但又有相關的政策和價值相衝突。關於這一點，McRae 和 Wilde 舉例來作說明：法律要求飲料盒的回收，目的是鼓勵回收利用，並且減緩過去自然資源因生產而被耗盡的狀況。在這樣的案例中，將公眾價值附加於自然資源的保護和廢棄物的減少，會與市民（如消費者）的利益產生衝突，因為再生瓶子的製造費高於用後即丟的製造費。因此，分析家藉由設計一個盡量讓公眾大體上喜歡且滿足的政策來選擇放大問題。

---

113 Ibid.

114 這個議題在 David Weimer 的書上特別強調。

115 MacRae and Wilde, *Policy Analysis*, 19.

116 Patton and Sawicki, *Basic Methods*, 149-150.

117 Weimer and Vining, *Policy Analysis*, 188-191.

因為一個公眾問題的規劃，很自然地結合了保護和消耗之間的交換。

　　Hardin 就此提了一個經典例子：農夫們為了讓其牛隻快速增長，而放任牠們在公有地上無節制地吃草，結果造成的後果讓社會付出更多未來成本。這例子也突顯出「公共利益」與「集體善」之間取捨的困難。雖然如此，你必須意識到你的客戶寧可選擇一個狹窄的界定，而忽略未來的副作用，更遑論它們可能是有害的 [118]。

辨別變數

為你的問題界定尋找出辨別多種政策變項[119]。

　　首先，請求熟悉問題的專家，幫助你鑑定重要的政策變項。這種方法的危險性，是你可能變得陳腐，變得會以現狀變數來建立你的政策選擇方案 [120] [121] [122] [123]。

　　其次，尋求歷史文獻上類似的例子。有哪些選擇方案是在過去常被建議使用？又有什麼不同 [124] [125] ？

　　最後，找出當代的類似例子為佐證，例如其他組織處理相似問題

---

118 Hardin G. *The tragedy of the commons*. Science, 1968; 162: 1243-1248.

119 Bardach, "Gathering data," 2: 117-144.

120 May, "Hints for crafting alternative policies," 7, 2: 238-239.

121 有關於專家參與主題，請參見第三章：選擇方案。

122 依照 Kingdon 的觀點，專家是政策分析過程中的隱藏參與者，他們也是最後產生方案和解答的人。請參考 Kingdon, *Agenda, Alternatives and Public Policies*, 200.

123 Patton and Sawicki, *Basic Methods*, 115.

124 此觀點的討論，參見第三章：方案選擇。

125 歷史類比的完整討論請參考 Neustadt, Richard E. and May, Ernest R. *Thinking in Time*. New York: Free Press, 1986.

的經驗 [126]。這個最後策略，需要有創造性和主動性。創造性，你必須想像經驗是有用的，這可能與你提出和倡導的問題無關，因為你必須去找出在這領域沒有和你相同的人。在你的問題界定內所包含的變項（操作意義屬於它們之間的每一個關係，和它們之間的互相關係），都將成為模型化及其他預測操作的基礎，並且最後將決定出方案 (見圖 3)。

> 限制你意圖論及政策變項的數量，因為你和決策者終究都會被限制於你們所能應付的方案數量。

因為有太多的方案，我們很快地就會黔驢技窮，不知該如何選擇是好。因此為了將方案限制在選擇範圍之內，以下給你一些具有幫助的建議：

首先，消除全部不具有實質性改變的政策變項或可能衝擊政策的變項。這些變項只會讓那些可用策略之間的區別變得模糊。

其次，當一個特別變項呈現有限的價值時，請考慮主要的使用範圍。例如美國聯邦政府地方政府的綜合補助款計畫，就可將之界定為低補助金、中等補助金，以及高補助金 [127]。

Bardach [128] 提醒我們：問題意指某些事情是錯誤的。因為這是一個有爭議的術語，故使用一個可以評估的特性或許有幫助。

> 包裝關鍵政策變項，以便在策略分析過程結束時，能為你自己提供一系列政策方案的選擇自由。

---

126 請參考 Rose R. Comparing forms of comparative analysis. *Studies in Public Policy*, 1991; 188: 2-30; Rose R. What is lesson drawing? *Journal of Public Policy*, 1991; 190: 2-39;　和 Weimer DL. Claiming races, broiler contracts heresthetics, and habits: Ten concepts for policy design. *Policy Sciences*, 1992; 25, 2: 135-159.

127 Ibid, 7, 2: 227-244.

128 Bardach, "Problem Solving." 也可參考他的 *Policy Analysis*, 1996.

3 政策分析過程中問題界定所扮演的角色

問題建立							
行動者	動機	信念 / 價值觀	地點	資源	政治的資訊	事件	其他

↓

問題定義
變項的確認 / 評估判斷的準則

↓

模型建立階段							
變項	判斷的準則	變項	判斷的準則	變項	判斷的準則	變項	判斷的準則
A	1. 2. 3.	B	1. 2. 3.	C	1. 2. 3.	D	1. 2. 3.

↓

方案的選擇					
方案	判斷的準則	方案	判斷的準則	方案	判斷的準則
1	1. 2. 3.	2	1. 2. 3.	3	1. 2. 3.

　　這裡的要點是：唯有透過確認各種變項和結合這些變項（經由操作嘗試結合的互相作用過程，評定這些結合，並根據評定結果再重新包裝），如此一來，就可以開始系統式建立一套方案 [129] [130] [131]。

　　變項將提供你可用的策略，而可用的策略則提供你在相同的一套政策變項進行不同操作的可能性。根據 May 的說法，這個理念在於將變項包裝進「可行的操作範圍」，這是一個用來說明各式各樣政策侵害行為或程度的術語。他界定三個操作的範圍：限制的、適度的以及寬闊的。但在下列說明裡，更合適的術語可以是限制的、適度的和自由的。

　　為了解說這個方法，May 檢驗有關減少犯人閒置時間問題例子中的這些操作 [132]。他界定出五個關鍵政策變項：犯人活動的範圍、參與活動的要求、參與的好處、活動時間表和這些活動的配備。他認為為了發展說明這些變項中每個前後一致的策略，分析家需要界定那些說明變項，隨著每個策略的運用，產生如何改變的操作範圍。

複雜的程度

為了建構你對問題的瞭解度，就要檢視普通及特定的問題面向[133]。

129　May, "Hints for crafting alternative policies," 7, 2: 239.

130　也請參考 Patton and Sawicki 對 "Identify the Policy Envelope" (153, #5) 的建議。他們建議用政策信封，比如，原先一個問題中所考慮的變數範圍，最終會影響被檢驗的方案。

131　也請參考 Lynn, in *Managing Public Policy* 中 "back-of-the-envelope"（信封背後）此詞的用法。

132　May, "*Hints for crafting alternative policies*," 7, 2: 240.

133　MacRae and Wilde, *Policy Analysis*, 18-21.

問題可依不同特定程度而被定義，分析家選擇將問題置於光譜上何處，強烈暗示著他的政策方案，需要多少分析資源來解決問題。例如，停電、汽油短缺、缺水、空氣污染和水質污染都是相當明確的問題的例子。這些問題可以簡單地加以說明和處理。或者朝著較複雜方向發展，前三者可以被界定為有相互關係的問題，後兩者更被界定為直接關係市場效率對貨物定價失敗的問題 (污染的費用，沒有正確反映出它在生產時的價格)。若站在較遠的尺度上來看，這些問題可能被界定為一個單一問題，即保持「太空船地球」在空中的複雜工作。當我們接近更一般且結合這些問題觀點時，雖然分析的複雜性增加，並且群眾共識的機會減少，但是每一個不同程度的界定，為公佈真相提供了獨特機會。

MacRae 和 Wilde 並未提供一個一般性的經驗法則，以選擇在何處運作一般性的連續體，反而是催促他們的讀者，要留意取捨 (隱含在因連續集合而來的問題)。在進行這項分析過程，問題變得容易處理，需要更多的分析資源，以及增加了因提出解決方案而引起各利益團體間產生衝突的可能性。

以綜合掃描的技術來交替檢視問題的一般看法和特定看法[134]。

為了處理問題的一般看法和特殊看法，以及管理經常存在於我們認知能力內對問題界定所提出的高要求，Amitai Etzioni 提出一個問題界定的解決方法，稱作「綜合掃描」。藉由綜合掃描，分析家交替檢視問題的一般看法和特定看法。Etzioni 將這方法比擬成下西洋棋：

---

134 Ibid., 21.

一個棋手，通常無法在每次下手時就能研究全部策略。較好的棋手能迅速評估幾個策略，然後再詳細探究這些策略的子集合。除了基於某些明顯不利致使他們得不到詳細檢查的策略，他們才會拒絕所有的第一策略。他們是否能詳細檢查全部策略？他們或許發現一個在第一輪已經被拒絕的方案，曾經是最理想的，但他們不能保持樂觀。儘管如此，我們期望他們藉由這些不同種類掃描的連續組合，而做得比那些一開始就以增加策略量，或是過去以增加策略量成功的棋手們更好[135]。

應用到問題界定工作上，Etzioni 的綜合掃描方法允許分析家同時檢查問題的一般看法和特定看法。運用此方法，一個人就能擘畫出政策選擇的擴大範圍，以及洞悉更全貌的問題形成，同時將可能引起更多的問題界定保持在已知的限制範圍內。

避免迫使問題進入一般的分類[136]。　　ooPoo（小心！常犯重要錯誤）

我們因為考慮到問題解決的複雜性，而自然地把一個問題放在一個熟悉的箱子裡。兩個最普通的問題刻板印象是「配置效率」問題和「分配的」問題。其他還包括「個人權利」、「國家安全」和「下層社會」等議題。刻板印象問題的風險是十分易懂的，因為這樣的特性描述法很少能抓住問題的重要角度。這個議題很重要的原因是，因為特別種類的解決方法，經常依附在特別的問題類型上。May 提供了一個很有幫助的說明：

---

135 Etzioni A. Making policy for complex systems. *Journal of Policy Analysis and Management*, 1985; 4, 3:285.

136 May, "Hints for crafting alternative policies," 7, 2: 230-231.

　　將服務傳遞問題歸類為一個「分配的」問題時，你會被引導至為了改變服務分配方式的種種方法。譬如像是重新探討資金方案。當相同問題再一次被定位為「配置效率」時，一個不同層級的解決方法就很容易被提出。例如，分析家如果認定都會區房屋短缺的根本問題，是分配效率低時，那麼他可能會擔憂透過增加貼補、免稅基金等等方式，將會擴大房屋滯銷的情形。其他的分析家如果認為短缺主要是分配問題時，則會考慮改變都市區域劃分法規，和特定警戒區劃分的習慣。

　　因為對問題歸類的方法，在分析後仍會留下未解決的步驟，以及因為事實中有許多例子，說明這影響是模糊且未獲得承認的，所以你在陳述問題時，不要對問題過於簡單地歸類。我們企圖將問題分類時，至少需要兩個原素：組織的特質和專業化訓練 [137]。管理機構，例如食品和藥物管理局之所以會成立，是用來監督企業。立法授權和組織文化鼓勵食品和藥物管理局用特別方法建構問題。例如，食品及藥物管理局的新藥使用觀點，可能受到它首要問題偏愛的影響：保護大眾以防杜危險和無效的產品。譬如當愛滋病危機爆發時，由於此危機會帶來一種同樣迫切的問題偏好，此時食品和藥物管理局的問題方針 (降低藥物到市場所需花費的時間)，可能被證明是有問題的。對這種不同專業人士界定出現在他們桌上的每日問題，專業偏見要負最大的責任。例如在聯邦貿易委員會，律師只關心自己贏得一個反托拉斯案件。然而就社會層面來說，反托拉斯行為與進行反托拉斯並無重要關聯。就另一方面來說，經濟學家則關注實質社會成本更大結構的反托拉斯案件上。明確且不合法行為的證據，對他們並不是那麼重要 [138]。

137　Ibid., 230-231.

138　Wilson, James Q. *Bureaucracy: What Government Agencies Do and Why They Do It.* New York: Basic Books, 1989, 61.

蒐集資料

開發一個資料庫[139]。

問題界定需要一些基本的訊息。分析家必須顧及多樣資料的來源，以及使用幾種估計的技巧。資料必須被驗證，並和其他已確立的論據及基準作比較。事實上，Bardash 指出，你的資料和訊息來源可分為兩個普遍的層級，一個是人，另一個是文件。文件可能會引導你至人的部分，而人當然是會牽涉到資料[140]。然而，分析家不應該在處理手邊的議題時，排除使用自己的知識，縱使只是直覺。這些資料中有些你已經知道，「我們所需做的就是組織我們的想法、收集我們所知道的資訊，並編列成有用的資料」[141]。從你知道的開始，譬如幾個論據，甚至是在模糊的記憶加上一些合理的推論，這些都將有助於計畫案發展得又快又穩[142]。

Patton 建議，分析家在分析基礎所需要的論據，應該包括關鍵字和片語等資訊，或是所稱的主要變數。例如，Patton 舉出一個客戶所關心的「讓貧窮支付更多健康保險費用的個案」，這裡出現了貧窮的、支付更多，和健保等三個關鍵詞。「貧窮者」泛指貧窮的測量 (家庭成員人數)；「支付更多」可推演到需要瞭解健康保險怎樣被界定、付出的代價、不同收入的群體要付多少；「健保」包含藥物上的消費、看醫生 / 牙醫、住院病人與門診，以及人的相對照顧等等[143][144][145]。

---

139 Bardach, "Gahering data," 2: 122.

140 Ibid., 118.

141 Patton and Sawicki, *Basic Methods*, 153.

142 Ibid., 99.

143 Ibid., 153.

144 Ibid, 99.

145 在 Eugene Bardach, in "Problem Solving" and in the later version *Policy Analysis*, 1996. 兩書類似闡釋問題定義如何分解成變數，並將變數認定且賦予意義。

依你的問題界定必須收集一個或多個下列類型的資訊：歷史數據、基本的論據、政治資訊、預報和投測、額外的聯絡管道和工具[146][147]。

　　建議分析家要：(1) 專注於那些有助於得到事件始末更精確的議題觀點；(2) 採集問題史實文件和評估方案所需要的數據；(3) 收集方案可行性、不同成員的權力和政策偏好等的相關資訊；(4) 獲得增加未來有效分析，不會那麼快過時的預報和預測的趨勢；(5) 努力找出可以更進一步接觸，和對文件和資料作建議的對象，儘管他們不願推薦在政治性議題上持反對意見的人[148]。

意識到一個事實：不同於大多數的社會科學研究，大多數政策研究是衍生的而非原創的。

　　也就是說，政策的產生是藉由他人已發展出來的觀點及資料，透過創造性的操作而來的[149]。在這個階段，分析家的角色是發現、校對、詮釋、評論，並且整合其他已經發展或者已經收集趨於完善的想法。在相當程度上，這種方法更接近於新聞專業上所使用的技術，而非在社會科學研究方面[150][151][152]。起初，在問題界定的階段，你的

---

146 Patton and Sawicki, *Basic Methods*, 99.

147 Bardach, "Gathering data," 2: 120.

148 Geva-May, I, Pal L. "Good fences make good neighbours: Policy analysis and policy evaluation – Exploring the differences." forthcoming, 1997.

149 Ibid., 118.

150 Ibid., 118.

151 請參考 Weimer and Vining, *Policy Analysis*, 2-5, 特別有用是在其圖中 (figure 1.1, p.3). 它用」相關專業」(社會科學研究、政策研究、古典計畫學派、傳統公共行政與新聞) 與政策分析作比較，比較變數為主要目標、客戶、一般風格、時間限制和缺點。

152 Patton and Sawicki, *Basic Methods*, 4.

角色是確認你需要哪種訊息，和誰是你的潛在消息或證據來源 [153]。

　　有兩個案例可說明你倚賴的資訊範圍，乃取決於時間、精力，和你的消息提供者及受訪者的善意 [154] [155]。譬如，這些數據可用的程度和即時性問題的類型。理想的研究路徑可能被迫妥協。分析家可能發現，如果只考慮主要參與者而忽略一些未經處理且是附帶產生的結果和施行問題時，將會限制住方案的選擇。

發展收集資料的策略、安全管道，以及積極援助 [156] [157] [158]。

　　首先，聰明的作法是：在你研究的一開始投資一些時間，遍覽所有資源，並發展對政策問題走到哪學到哪的廣泛視野。當你花時間在蒐集看似豐富的資料時，豐富的資源可能就在附近等著你。

　　其次，你應該留意你的資源動機或誘因 [159]。為什麼一個通告

153　Ibid., 77.

154　Ibid., 77.

155　On strategies for handling these obstacles see Bardach, "Gathering data," 2: 118.

156　Ibid., 127.

157　針對我們所指出的策略提出額外細節問題已經超過本書操作範圍，詳細且有洞察力的來源是 Bardach 的 "Gathering data," 1974。額外有用的資料收集相關資源可參考 Carl V. Patton, "Information for Planning" in *The Practice of Local Government Planning*, 2nd ed., eds. Frank S. So and Judith Getzels, Washington DC: International City Management Association, 1988, 473-77; Patton and Sawicki, 77-105. 也可參考 in Mitchell V. Charnley, Reporting 2nd ed., 1966 –his chapter "The News Beat" and in Leon V. Sigal *Reporters and Officials: The Oranization and Politics of Newsmaking*, 1973 – 你將會找到有趣且有效的新聞學所運用策略及技巧。

158　關於面訪的議題你可以參考 Fred N. Kerlinger 書中的 "Interviewing" 章節, 1967; 菁英及特殊訪談可以參考 Lewis Athony Dexter, 1970; 或者 wildavsky 的 Craftways 書中的 "Interviewing" 章節, 1989 – 這是另外三個好的面談資料。

159　Geva-May and Pal, "Good fences," 14.

者，特別是有權力的忙人，應該設法得到他的任何寶貴時間或知識？從另一方面來說，你可能發覺自己收到的只是一些需要校對、表列，或是要賦予清晰含義，或者需要背景說明的部分統計資料而已。Bardach 因而使用一個州刑法機構中內部機構評量人員，有關假釋與累犯的年度報告作為例子。當他閱讀數據時，沒有人能判定評量人員已經探查初犯者之前被逮和定罪是否可靠；如果他們信任感化官的報告或在拘留所的報告。在這案例中，對於像未加工或半處理過的數據，分析者就需要作出說明的記錄。需要多少幫助，通告者才願意提供相關的資料，取決於分析家如何培養與機構及其員工之間的關係能力，並且能意識到，你已經耗盡所有的資訊資源，你應該小心別耗盡你的名聲。Bardach 認為最好的方式是避開：黨羽身分、不謹慎、太聰明務實、自我中心[160]。

再者，要意識到這些資訊具有政治潛力，以及你的通報者提供給你的資訊往往隱含著敏感的政治含義。他們不可能給你全部訊息，也可能不願意開誠佈公。然而，當接觸你的受訪者時，不妨試探多種訪談的技術和策略。每一個受訪者都可能需要一種不同的方法。

檢查你的訊息來源。你要考慮這個事實：你正依賴從不同來源收集數據，並且現有的問題詮釋都可能對你的資料存有偏見。此外，要警覺你所處理的可能是二手資訊，這些資訊的準確充滿了不確定性[161][162]。因為許多不能控制的因素，使你在得到這些數據之前，它們可能都被影響了。

---

160 Bardach, "Gathering data, " 2: 127-128.

161 International Institute for Applied System Analysis. *Beware the Pitfalls*, 5.

162 Patton and Sawicki, *Basic Methods*, 175.

　　往往很多政治數據是軼事、間接和含糊的。分析家拿到的數據資料，有可能已經包含統計學家的分析，而統計學家並沒有靠自己收集數據的資料，因此他們提供給你的資訊或許已經過多次的操作後才到你手上。

　　同樣地，分析家也被警告，社會和經濟統計經常以權宜之計來收集資訊，透過數據的可用性、標明可行性估計，或者辦公室收集數據的操作過程，以及那些不一定和你對議題同感興趣的資料收集者所收集的特別數據。因此，他們的重點，可能不同於你在問題界定上所需要的資訊。因此，為了使用有效、完整或延長獲得的訊息，分析家最好採納多樣平行的訊息來源[163][164]。

　　在問題界定的階段，檢查你以某種時期的基線選擇是明智的[165][166][167]。不如此做，往往會扭曲你將來分析的洞察力。

　　　　　　　　　　　　　　　　　ooPoo（小心！常犯重要錯誤）

　　分析家被建議要進行比較指標。這種比較可能是界定一個問題是否存在描述及問題廣度範圍的好方法。不過，分析家必須仔細選擇比較他們的基線。這個決定能影響推斷的結果。例如，MacRae 和 Wilde 分析，繼第二次世界大戰之後，冷戰時期開始時，很多分析家提出的政策問題是：美國有足夠的防禦經費嗎？他們指出，從時間序列數據的檢查，顯示出 1939 年和 1947 年之間的軍費開支，並由此聯

163　International Institute for Applied System Analysis. *Beware the Pitfalls*, 5.

164　Bardach, "Gathering data," 2: 117-144.

165　MacRae and Wilde, *Policy Analysis*, 26-29. 注意其表 2-1, 27, 顯示美國與蘇聯的出軍事支出 1936-1948－用十億美金對十億舊盧布來作比較而非官方的價值。

166　Patton and Sawicki, *Basic Methods*, 261.

167　這個議題也在 Bardach, "Gathering data." 廣泛討論。

想美國在 1947 年花費了九倍相當於初期的花費。這被拿來和蘇聯軍事花費一樣粗糙的兩個時期做比較。這樣的分析可能導致美國有能力足以顯示它在防禦開支比率的結論。採用更早期的基準年，暗示蘇維埃社會主義共和國聯盟在 1939 年已經處於戰爭狀態，然而當時的美國並非如此。因此，從 1939 到 1936 在不同的基準年內，界定問題對分析有相當大的改變 [168]。

　　Patton 和 Sawicki 建議，圖解的設計圖表類型和組織及流程圖，是資料展示的有用工具，這些展示工具可以增加設定基準線與避免可能的陷阱。設計需要選擇圖解形式、適當的間隔和數據的標記。組織圖展現出正常及非正常關係，在某種時間和凸顯影響問題的相互關係。透過流程圖能自始至終地鑑別出當前充滿選擇過程中的關鍵點 [169]。

當建構一個問題時，要注意事實可能是虛偽的，特別要小心謹慎從百分比率得出的推論[170] [171]。

　　例如，國家收入數字只在百分之 10 到 15 內是準確的，對外貿易失業成長統計和其他經濟數據都不是那麼肯定。因此，微降一個百分點或者兩個成長比率的國家 GNP，不應該被看成是政府行動所造成的。

---

168 MacRae and Wilde, *Policy Analysis*, 28.
169 作者建議，例如圓餅圖或者長條圖等圖表可以參考 pp. 118-122. 其他量化資料的好來源可以參考 Calvin F. Schmid and Stanton E. Schmid, *Handbook of Graphic Presentation*, 2nd ed., New York: Wiley, 1979; and Stokey, Edith and Zeckhauser, Richard. *A Primer for Policy Analysis*, 1978.
170 International Institute for Applied System Analysis. *Beware the Pitfalls*, 5.
171 MacRae and Wilde, *Policy Analysis*, 29.

　　分析家警告：不要使用比率和百分比來做為一個單獨公共選擇的標準，因為它們會嚴重地將公共決議引入歧途。「比較」與「問題界定」有關，但我們所得出的結論卻取決於它們如何被呈現，以及我們對於有意或非計畫中的偏見認知上。

　　例如 MacRae 和 Wilde 列舉各式各樣的死亡因素和非白種人死亡的每個原因比率[172]。政策應該改善基於種族生命機會的差別觀點切入問題，我們可能傾向於集中資源和注意力在比率最高的死因上。首先，我們可以透過集中資源取得更多的活力給公共責任，使發生比率降得更低。例如，與嘗試關於降低殺人比率的公共費用相比較，結核病的公共費用很可能有更大影響，即使這死因的比率高過後者。其次，比率 (以及百分比) 掩蓋了可能關係到更大確實的生命總數事實。

---

172 MacRae and Wilde, Policy Analysis, 29-30；亦見其表 2-2, 29 － The Ratio of Non - White Early Death Rates of Various Causes of Death in 1972.

總結：問題界定主要考量點

 4 摘要表

過程界定
<ul><li>將問題界定視為一種創新過程</li><li>具有創造力</li><li>與客戶合作想出問題</li><li>別把問題界定階段著重於解決之道的錯誤迷思中</li><li>採取逆向式的問題界定</li></ul>
界定背景與行動者
<ul><li>建構對於決策判斷脈絡的了解</li><li>界定哪些行動者參與</li><li>界定客戶的需求</li><li>考慮民眾所關心的</li><li>評估那些被關注的價值觀</li><li>推測客戶聲明中隱藏的假設</li><li>鼓勵被客戶質疑</li><li>認清政治人物的定義和你的是不同的</li></ul>
辨別變數
<ul><li>尋求專家的協助</li><li>尋找相關的歷史案例</li><li>從現在的案例中去推敲</li><li>將這些整理為一系列可行的執行方案</li><li>限制政策變相的數目</li></ul>
確認政策目標
<ul><li>區分兩者</li><li>清楚定義相關的目標</li><li>評估隱示的目標是否要被強化</li></ul>

問 題 界 定

4　摘要表 (續)

	決定複雜的程度
問 **題** **界** **定**	• 檢視普通及特定的問題面向 • 使用綜合掃描的技術 • 避免迫使問題進入一般的分類
	考慮蒐集資料的技巧與策略
	• 開發一個資料庫 • 蒐集任何資料，因為這些資料之後可能會有用途 • 意識大多數政策研究是衍生的而非原創的 • 檢查你資料的來源 • 小心關於金融，時間基準，比例等的議題

Chapter 2
政策分析的模型建構

引言 [1]

政策的決定是針對各個不同選項，在
評估其潛在的衝擊與內在的可行性
時，所進行選擇的一個過程。而分析者的
角色便是就政策與影響的因果關係加以公
式化，進而預測政策的衝擊。在政策分析
中，模型建構的功能就在於連結「政策的選
擇（因）與它的效力（果）(effects)」[2]。因
此，模型可用以展現現實世界的現象並做為
分析之工具，而且在政策制定的過程中提供
協助。模型讓現象中的主要變項 (variables)
浮上檯面，具體說明相互關係，並根據

---

1 有關本引言所提到的各項重點，將在本章後面各節加以深
　入的討論。讀者也可以參考註釋中所提到的其他參考文
　獻，這些文獻對於本章所提出的各個議題有更深入的探
　討，並且反映出政策分析領域的共同觀點。

2 MacRae and Wilde, *Policy Analysis*, 99.

可能的連結 (linkages)，而進一步來預測未來的結果 [3][4][5][6][7]。

　　實際上，任何理性的決定，均是依據檢驗現實世界如何運作的一些構念 (constructs) 而做出的。模型建構可被視為多數人在日常生活下每天從事的一般性活動，而非分析者或科學家所從事的活動。地圖、都市計畫模型、流程圖、決策樹 (decision trees) 與各式圖表，都是反映現實世界中各種次要構念 (sub-constructs) 或象徵 (symbols) 的具體縮影 [8][9]。大多數的情況下，依據預先設想好的模式 (pre-conceived patterns)，我們習慣直覺地使用概念模型 (conceptual models) 來做出質化的預測 (qualitative predictions) [10][11][12]。這些模式可能是社會學上、文化上，或政治上可接受的構念所組成。數學模型可能用來測試對經濟或成本效益的臆測，或是在不固定 (fluid) 與非數字可表示 (numerical) 的狀況下，用來轉換成數學可解釋的模式。政策分析者也可以像數學家或物理學家一樣，將政治情勢當中持續性與冗長的渾沌模式，轉化成可以理解的公式，或者是機率性的模型 (probabilistic models)，也就是可以查出 (trace) 已知的隨機性 (given randomness) 與

3　Ibid., 103-105.

4　Stokey, Edith, and Zeckhauser, Richard. *A Primer for Policy Analysis*. New York: WW Norton and Co., 1978, 8-21.

5　Patton and Sawicki, *Basic Methods*.

6　Quade, *Analysis for Public Decisions*, 48.

7　House, *The Art of Public Policy Analysis*, 109-112.

8　Lave, Charles A. and March, James G. *An Introduction to Models in Social Sciences*. New York: Harper & Row, 1975.

9　Stokey and Zeckhauser. *A Primer for Policy Analysis*, 9-17.

10　Ibid., 23-44.

11　Patton and Sawicki, *Basic Methods*, 268-332.

12　Weimer, David L. and Vining, Aidan R. *Policy Analysis Concepts and Practice*. New Jersey: Prentice Hall, 1989, 239-291.

機率的結果 (probabilistic outcomes)[13][14][15]。

　　通常，模型的建構過程允許分析者在現實世界中從事無法達成的人為操控 (manipulation) 與實驗 (experimentations)(因為這些操控與實驗不是太昂貴，就是太危險)，並且幫助我們將思考系統化與評估政策在政治上的可行性。此外，經由反覆建構的方式，它使那些對問題定義進行重新制定 (re-formulation) 與重新選擇關鍵的變項都變為可能，也提供了一種將複雜的決策化為可以應付各種較小任務 (tasks) 的方法，並且成為與特定政策議題有關各路人馬之間的一個溝通平台[16][17]。

　　不論模型的角色為何，建立模型有一些因素必須先加以考量。模型內的各個變項必須適當地代表問題的定義、變項之間的相互關係，以及它們與問題假設如何相關。模型可以依照問題定義階段所提出的不同議題，依照分析者想要著重的關係或所找尋的其他選擇，或依照資源、背景 (context) 與行為者的不同而被不同地使用。在此一階段 (stage)，背景 (context) 與受眾 (audience) 的考慮，與問題定義階段都是同等重要的。

　　儘管好的模型通常被視為比較值得信賴，但它們不一定就是指量化的模型。分析者要採取何種模型，應該是取決於其所需要的資訊類型。在大多數的情況下，模型的選擇是由分析者的經驗、常識，與把政策分析視為「藝術」的才能所決定。所謂「模型簡單化，思考複雜

13　Kingdon, *Agenda, Alternatives and Public Policies*, 222-224.

14　Gleick, James. *Chaos: Making a New Science*. New York: Penguin, 1987.

15　MacRae and Wilde, *Policy Analysis*, 104.

16　Quade, *Analysis for Public Decisions*, 48.

17　Stokey and Zeckhauser, *A Primer for Policy Analysis*, 20.

化」[18] (model simple; think complex)，應該是模型建構階段的重要指導方針。

　　總之，模型的好壞取決於它的預測準確度，而非它的複雜度。這種看法暗示著分析者所作的選擇，無論是主觀或是客觀的，都應該以精準的假設、精準的選擇標準，與精準的變項及變項操控為主。若不考慮那些不會影響研究者假設的變項，現實世界的狀況就能以一種以上的方式來建構模型。另一方面，如果變項都一一地被省略，那就不可能完全驗證政策預測的準確性。

　　本章將說明模型建構為政策分析的第二階段。做為一個連結橋樑，模型建構是從問題定義階段(第一階段)衍生而來，也為其他選項、完整的論述，與可行的行動方案提供理性的基礎。數種模型建構的形式，將依其與特定的研究與政策考量的關係，在稍後加以探討。

　　在強調這種分析模式後，作者要提出警告：模型建構的過程並非偽裝的政策分析，也不代表它就是政策分析[19][20][21][22]。再者，模型建構不應該是評估政策可行性的唯一方法。為了驗證模型所做的預測，必須採用一種比較的途徑：預測的檢測應該要與其他的資料與分析者的判斷加以比對[23]。

18　Expression used by Weimer and Vining, 1989, in this context.

19　Quade, Edward S. "Pitfalls in Formulation and Modeling." In Majone and Quade, *Pitfalls of Analysis*. 37-38.

20　Strauch, Ralph E. A Critical Assessment of Quantitative Methodology as an Alternative Tool; 1974, RAND paper series, 30.

21　Stokey and Zeckhauser, *A Primier for Policy Analysis*, 21.

22　Quade, "Pitfalls in Formulation," 31.

23　有關其他評估政策可行性方法的深入探討，參見第三章：選擇方案 (Alternative Selection).

建構模型的理由

將一個問題模型之建構作為分析的開始[24]。你首要的分析工作，就是先瞭解有哪些力量會影響所要解決的問題。

這就需要建構一個模型。事實上，模型就是你所分析的現實世界的簡易縮小版。由於花費昂貴、危險，以及無法獲得整個系統等因素，你通常無法在現實世界中檢驗其他的系統。當你建構了一個模型，你就會對各個變項間的關係有了深刻瞭解。抽象地說，模型是對結構的、功能的，或因果的關係所作的簡易描述[25][26]。

模型也可被視為預測擬定政策 (proposed policies) 效力的另一種基本方法，或是一個「根據有關個人與集體的人類行為所得知識的推測，或是更普遍地說，它是某種系統的行為，不論是人類或非人類的系統」[27]。

再者，由於建構模型所需的資料必須是詳細和清楚，且可以被蒐集及重建 (restructured)，如此模型方可運作[28][29]。建構模型時的驗證過程與嚴謹科學態度，為其他可能的政策選項提供了更為完整與廣泛的研究範圍 (researched ranges)。

利用模型來明確說明變項之間的關聯，以及預測政策活動的產出結果。

24　Weimer and Vining, *Analysis Concepts and Practice*, 184.

25　Stokey and Zeckhauser, *A Primer for Policy Analysis*, 8.

26　MacRae and Wilde, *Policy Analysis*, 100-101.

27　Patton and Sawicki, *Basic Methods*, 259.

28　Quade, *Analysis for Public Decisions*, 48.

29　House, *The Art of Public Policy Analysis*, 139.

以模型作為一種預測的方法，將可以協助你預測結果、評估結果或制定政策決定。預測結果指的是建構模型可以讓分析者預見各種方案所可能得出的不同結果、何種技巧是與預見這些結果相關，與各個預測可能產生的各種結果；評估結果指的是為成功設立標準，並且估算出各種不同重要目的 (valued objectives) 的組合可以如何地互相比較；制定政策決定指的是將分析的各個面向 (aspects) 一起勾勒出來[30]。

然而，要注意的一個事實是，把所有可能的政策變項都納入你的模型是不太可能的。因此，令人擔憂的是，可能因為你模型中沒有操控到某個變項，而使得某個好的政策選項被忽略了。這裡所造成的危險就是你的模型限制了你的思考。

再者，要小心你對變項的選擇與操控 (manipulations) 會強烈影響你其他可能的政策選項 (alternatives)。這就是客觀分析與主觀選擇所產生的結果[31]。如果依照延伸推斷，也就是說，依照已經發生的事情來推理未來可能發生的近似結果，你選擇了某個特定的歷史年份作為研究基點 (baseline)，你選擇的這個基點與相關的歷史資料將會影響你的預測結果[32]。比方說，如果你想預測某國的人口成長，你可以選擇某個年份做為研究基點，藉由圖表，從過去幾年的曲線往未來延伸與觀察推論的資料，來推斷未來的人口成長。要注意的是，在這個例子中，你所選擇的變項 (在這裡為每 10-20 年的人口成長)、你的操控選擇 (manipulation choice)(在這邊為推論)，與那些被你決定忽略的可能干擾變項 (歷史的、政治的，或是社會的資料，如戰爭、移

---

30 Chrishom D. Origins of Contemporary Policy Analysis Perspectives. Paper at Annual Meeting of the Western Political Science Association; 1985; Las Vegas, Nevada, 25.

31 有關這方面的缺陷，參見 Quade, "Pitfalls in Formulation," 27-29.

32 有關更多關於推論技巧的討論，可參閱 Patton and Sawicki, *Basic Methods*, 259.

民、政權替換、生育控制或墮胎規定等) 都可能會使你的預測產生偏見 (見圖 5)。

> 將模型建構視為一個反覆的過程，其目的為確保政策分析的成功。

　　這個反覆的過程包含規劃問題、選擇目標、規劃其他選項、蒐集資料、建立模型、權衡成本效益、測試敏感度 (sensitivity)、質疑假設與資料、重新檢驗目標、增加新的方案 (alternatives)、建立更佳的模型等等事情的持續循環。

 5　對變數的主觀與客觀選擇及操控技巧

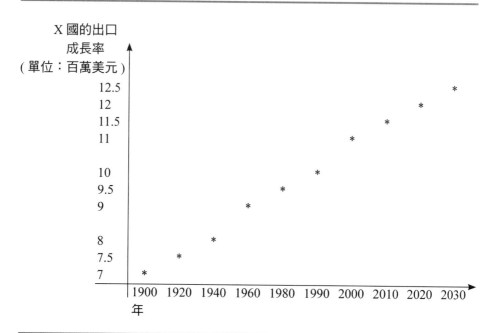

這種政策分析的反覆途徑，讓分析者可以不斷地檢視分析的各個階段，同時也尋找之前各個元素所隱藏的額外意涵，包括重新定義問題與相關的變項操作。於本文所倡導的方法中，這個反覆的過程，將會導出一個更加完善的分析模型 [33] [34]。

建議分析者在做政策分析時先建構模型，因為嘗試去研擬模型可以幫助分析者對整個體系的思考系統化，提出一致性的問題，在操作環境下迫使 (force) 系統的建構，並且讓成本效益獲得最佳化與比較[35]。

簡言之，模型有時很有用，因為它們使得「判斷聚焦」(focus judgment)，也就是說，它們幫助分析者刪除問題中不必要的部分，使分析者能夠專注於主要的變項，以及對政策的行動與不行動 (no-action) 所衍生的結果，進而獲得相關的訊息 [36] [37]。在最近的文獻中，Kingdon 把政治現象視為不固定／流動的 (fluid) 過程，而且，就像數學家及物理學家，需要從模糊的形成現象或動盪的模式中建構模型 [38]。這個途徑說明了任何模式 (pattern) 最終都可以被化約為數學公式。因此複雜性理論、渾沌理論，或是垃圾桶模型，事實上都是不固定、複雜的現象，但是最終均可被轉化成有規則的架構模式；再者，它們也為隨機與不可測性 (randomness and unpredictability) 預留空間；

33　Quade, Edward S. "Systems Analysis Techniques for PPB." *In Handbook of Systems Analysis: Overview of Uses, Procedures, Applications, and Practice*, in Hugh J. Miser and Edward S. Quade, eds. New York: North Holland, 1985, 195.

34　Weimer and Vining, *Analysis Concepts and Practice*, 180.

35　Blumstein, Alfred. "The Choice of Analytic Techniques." In *Policy Analysis*, Thomas A. Goldman, ed. New York: Praeger, 1967, 38.

36　Patton and Sawicki, *Basic Methods*, 272.

37　Quade, *Analysis for Public Decisions*, 144.

38　Kingdon, *Agenda, Alternatives and Public Policies*, 222-224.

最後，它們允許歷史上重複發生模式的存在，因此可以從過去的行為模式中推論未來[39]。任何的政策問題，無論多不固定，皆可被分割與轉換成一個模型世界 (model-world)，在這個模型世界中你可以創造出模型，或是一個真實系統的抽象模型，供你操作與實驗[40]。

模型建造 (Model Construction)

一般的考量 (General Considerations)

確定你的問題定義決定了應包含在模型裡的變項，否則一些重要的因素都有可能會被忽略了[41]。　　　　ooPoo[42]（小心！常犯重要錯誤）

Blumstein 極力主張分析者試著去發展一個可以適當代表問題的模型。如此一來，模型導出的結論方能推論現實世界[43]。

讓模型更加詳細或涵蓋性並不能彌補忽略其他面向 (aspects of the situation) 的狀況。舉例來說，曾經有人嘗試非常逼真地模型化一個城

39　相關的理論與模型，請參閱 Gleick, James P. *Chaos: Making a New Science*. New York: Penguin, 1987.

　　Baker, Gregory, Gollub, James P. *Chaotic Dynamics: An Introduction*. New York: Cambridge University Press, 1990.

　　Mucciaroni, G. The garbage can model and the study of policy making: A critique. *Polity*, 1992; 26, 3: 459-482. 以及

　　Almond G, Genco S. Clouds, clocks and the study of politics. *World Politics*, 1977; 29: 489-522.

40　Kingdon, *Agenda, Alternatives and Public Policies*, 224.

41　International Institute for Applied System Analysis. *Beware the Pitfalls*, 12.

42　P 在此處代表一個非常重要的易犯錯誤 (pitfall)。

43　Blumstein, "The Choice of Analytic Techniques," 40.

市的行為、人口及政府，以至於這個模型可以預測人口成長、工業發展，與其他各種變化。假使分析者被批評忽略了某些可以讓模型更加詳細與涵蓋的面向，這或許仍無法阻止批評者的抨擊，因為還是有很多其他重要的因素可能被忽略，或是這個模型可能變得太複雜而無法控制。

瞭解你的模型與依賴它的資料其背後所隱藏關係的基本假設。

本要求雖近乎苛求 (tall order)，但也是政策分析中重要的準則。你對模型的假設愈瞭解，就愈清楚模型的侷限性，而且也比較不會想將模型所產生的結果毫無保留地全部應用在手邊的問題上。Stokey 與 Zeckhauser 提出四個問題，可以幫助你發掘這些假設以及降低模型的限制，這些問題包括：

- 模型的關鍵設計特色為何？
- 本模型與你想描述的現實世界現象有多相近，以及它與這些現象有多大的差異？
- 本模型如何假設各個變項間的關係？
- 哪個價值如果被改變的話，會徹底地改變原先預測的結果，或是改變模型原先所建議做出的選擇[44]？

在建構模型的時候，刪除一些與分析問題沒有太大關聯或無關的事實。

政策模型是現實世界的抽象版。模型的目的從於在各種不同選

44　Stokey and Zeckhauser, *A Primer for Policy Analysis*, 21.

項中做出決定時，可以突顯其中關鍵性的關係與不確定性。因此，在設計政策模型時，你應該謹記一個古老的格言：少就是多 (less is more)：你的模型愈少涉及與問題不相干的組成因素，在做理性抉擇的時候，你的模型就愈有助益[45]。

舉例來說，發展一個模型，並理性地討論一個城市未來十年的策略成長計畫，尤其著重在經濟成長與環境保護的得失平衡。我們可以設想在這個模型中有一些相關的變項：就業率、人口成長、污染排放程度以及稅率等等。我們可以想像還有其他變項可以放到這個模型內，雖然這些變項對經濟成長與 / 或環境保護的影響有限，但它們卻可能使決策的預估複雜化 (比方說，非常小的經濟部門的興衰，或是市民對賽艇與帆船活動興趣的改變)，而非使決策更加清楚 (clarify)。把這些變項都納入分析，雖然可能使我們的模型更加符合現實世界，但是它們對我們在做出明智的決策時，能提供實質的幫助嗎？

對於哪些問題的構成元素該或不該留在模型內，分析者絕對需要先從事成本效益的測試 (test)。Stokey 與 Zeckhauser 為他們的讀者提供了以下這個有用的決策法則：

> 只有在現實方面效益的增加 (gains) 大於洞察力 (insight)
> 與可管理性 (manageability) 漸減所衍生的成本這個條件下，
> 我們才考慮將額外的問題面向 (aspect) 加入到模型裡[46]。

45　有關建構模型更廣泛的綜論，請參閱 Stokey 與 Zeckhauser, *A Primer for Policy Analysis*, 8-9.

46　Ibid., 9.

讓解釋模型簡單化 [47]。一個有用的模型是用最少的因素來描述因果關係。為什麼？

因為愈多的因素加在模型裡，模型就變得更接近真實世界，而非針對手邊的問題來加以解釋。比方說，有個笨拙的模型試圖將人類的智商歸因為基因、社會化過程，以及「其他的所有原因」。一個有價值的解釋模型，須阻擋跟問題無關的外在因素，而只強調重要的因果關係。你將會發現這種模型比起像類似廚房洗滌槽那種什麼都放進去的模型，顯得更有深度，因為把關鍵的因果關係隔離起來，總暗示著有豐富的政策選項可供選擇，這些選項大多在這些關係中真正扮演著重要角色。

然而，你從簡單模型中獲得的內涵與可管理性 (manageability)，表示你失去了精確的預測能力。就以描述為何有些嬰兒出生時的體重過輕的模型為例，如果我們將父母親的收入、產檢次數以及之前懷孕的次數等因素剔除，我們可能可以確定懷孕期間的併發症 (complications) 是影響新生兒體重最重要的因素。雖然這種抽絲剝繭 (stripped down) 模型或許是有益的，這個模型仍會一貫地 (consistently) 讓我們的預測出錯。這表示如果併發症的因素無法用政策來減低的話，那麼公開的介入 (public intervention) 可能對問題的影響有限。

再者，當你建構一個敘述型的模型時，如何在過度詳盡 (over-specification) 與不夠詳盡 (under-specification) 之間進行取捨 (tradeoff)，這也是你將會面臨的基本問題。正如 Stokey 與 Zeckhauser 所提的，你會願意拿多少現實 (realism) 來換取模型的深度內涵 (insight) 與可管理性 (manageability)？不幸的是，我們無法跟你盡述如何取捨的普遍法則，只能說取捨是必須的。最後，模型的內容／規格 (specification)

47　Ibid., 9.

是門藝術。一個分析者要如何用最少的變項來獲取跟問題有關的重要動態 (dynamics)？在第一階段時，何種關係是重要的？你要如何將這些關係與背景雜音 (background noise) 分離？要回答這些問題的話，技巧與技術只能帶領你到這裡，你需要創意來指引你走到分析的底層 [48]。

> 為了使政策達到預期的結果，要使真實的假設非常詳盡與明確；政策要避免不合理的假設。

　　政策的邏輯應該與支持它所有假設的總和相當 [49]。這些假設包含對這世界客觀狀態的推測，以及從政策所引導出來對個人與組織行為的預期。要明確判斷你的假設合理性 (plausibility)，因為這對於政策邏輯是很重要的，因此須將此點納入在政策重要性的評估上。

　　Weimer 與 Vining 所使用的例子，讓這個建議更加具體。假設某個州提出補助地方高中數學與科學教育實驗的政策，這個計畫的目的是要找出成功的教學方法並應用到這個州的其他地區。如果要使這個計畫成功，則下列假定必須為真：第一，有良善實驗構想的學區會申請補助；第二，州政府的教育主管部門選擇最好的申請案來加以補助；第三，接受補助的學區學校確實依照所提的計畫來執行實驗計畫；第四，實驗的結果可以證明該測試的方法是有效的；以及第五，教育部門可以指出哪一個成功的方法能夠被應用到其他行政區。經過思考，我們發現要使以上任何一個假定為真，都是不太可能的事。這個計畫的效力取決於五個不易落實的假定，而任何一個假定的失敗都

48　有關明確的解釋與說明，請參閱 Patton 與 Sawicki, 1993 "Theoretical Forecasting Techniques: Modeling," 268-273.

49　Weimer and Vining, *Analysis Concepts and Practice*, 306.

會造成整個計畫瓦解[50]。

　　兩位作者提出一種稱作「由後向前描繪推估」(forward mapping) 的技術來找出有關政策執行中隱諱的假定，以及強化政策成功的機會。採用「由後向前描繪推估」的方法時，為了達到政策所預期達到的效果，你會試著去預測哪些東西會發生，包括「什麼」可能出錯了，與「誰」跟「為何」會想讓它出錯[51]。兩位作者討論出一個三步驟的過程。第一，寫出一個狀況情節。狀況情節裡面列出為了使政策產出意欲的結果而必須發生的所有事情：「誰必須去做什麼？」「他們何時要去做這些事情以及為什麼？」這個步驟自然地把焦點放在個人與組織的預期行為，以及盡量加入執行過程中所需的要件 (specifics)。第二，批評這個狀況情節。對於你情節裡面的行動者，檢驗假設會發生的行為是否與行動者個人與組織的利益相符。為了規避政策，這些行動者會採取哪些策略？政策的缺失與瓶頸可能在哪裡發生？最後的步驟，「由後向前描繪推估」需要你修正你的劇本，以使政策的履行能更加合理 (plausible)[52][53][54]。

> 以建構模型分析各種不同選項時，你對各選項預期結果所做的預測應該是充分與廣泛的 (comprehensive)[55]。

　　為求分析的完善，你應該考慮你所預測的每個選項，其背後的意涵 (implications)。這點是基本的，但是卻很難付諸實行。Weimer 與

50　Ibid., 306.

51　Ibid., 311-315.

52　亦參見 Bardach, *The Implementation Game*.

53　Levine and Ferman, *The Political Hand*, 102-104.

54　Patton and Sawicki, *Basic Methods*, 313-315.

55　Weimer and Vining, *Analysis Concepts and Practice*, 205.

6　替代方案 / 標準矩陣

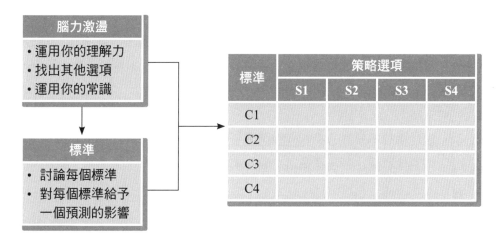

Vining 建議使用一個兩步驟 (two-step) 預測過程，儘可能地預先考慮可能發生的各種影響衝擊。第一，腦力激盪 (brainstorm)。用你對問題的理解，你對各個選項的建構，以及嘗試列出各個選項的所有可能意涵。其次，逐一檢視你所發現 (identify) 的標準 (criterion)，然後試著去預測每個選項的影響衝擊。第二個步驟很自然地會引領分析者創造出一個方案 / 標準的矩陣。這個矩陣對於找出重要的 (critical) 取捨 (tradeoffs) 很有幫助 (見圖 6)。

　　Brightman 的結果矩陣 (alternative-consequence matrix) 方案也是另一個選項。在這個方案中，各個選項都被列在橫軸，標準列在縱軸。某些標準是必要的 (musts)，而其他標準可能是需要的 (wants)。各種結果，包括支持與反對的意見，都被列在表格裡而且很容易

查找 [56] [57]。另一種矩陣是 Hill 的目標達成矩陣 (goals achievement matrix)。這個矩陣嘗試去決定哪個選項達成了預設的標準或目標 [58]。

　　總之，矩陣可以將分析問題的本質減少到可以用單一圖表來表示，讓分析井然有序並且限制混亂的複雜性。再者，在建構這種圖表的過程中，通常會產生分辨模範性 (exemplary) 與剛剛及格 (merely competent) 兩者差別的洞悉。

當從事成本效益分析的模型選擇，分析者必須要有一個模型，而這模型對他所要比較各種選項之間的差異特別敏感。

　　為了這麼做，首先應該先建立一個預測範圍 (scope)、控制變項 (controllable variables)，以及將效能 (effectiveness) 表達為控制變項的函數 (function)。這表示你要選擇何種模型，是依你對效能測量方法與控制變項間關係瞭解程度而定 [59]。

在不確定狀態下提出成本效益的議題時，要注意不確定性的主要來源。

　　不確定性的來源很少來自未來情況可能改變 (future might alter conditions) 的事實。這是因為就算在觀察的環境中，或是個別事件發

56　Brightman, Harvey J. *Problem Solving: A Logical and Creative Approach*. Atlanta: Georgia State University Business Press, 1980.

57　關於這種得分表的明確的例子，請參閱 Patton 於 Patton, Carl V. *Academia in Transition: Early Retirement on Mid-Career Chance*. Cambridge, MA: Abt Books, 1979. "Selected Early Retirement Options" 一文中的圖。

58　Hill M. A goals achievement matrix for evaluating alternative plans. *Journal of The American Institute of Planners*, 1968; 34, 1: 19-29.

59　亦見 Blumstein, "The Choice of Analytic Techniques," 39.

生的場所不同，我們仍然會對我們的預估值 (estimates) 有懷疑。因此，採用別處的經驗來推論手邊的政策問題是很難的。

因此，分析者應該試著將預估值與機率相連結 (bound estimates with probabilities)。分析者也應該測試在「假定的」參數裡預估值對於各個改變的敏感度，並且要對照預測母群體 (population groups) 的成本效益，或是政治利益這是相關受眾所特別關心的 [60] [61] [62]。

背景與受眾 (Context and Audience)

發展一個可以檢驗利益相關者 (interested parties) 的動機、偏見，與政治資源的分析構念 (construct)；用這個架構來幫助你預測各種可能政策選項的政治可行性，以及確定影響政治結果的方法。

分析者可以在腦海中發展這個架構，但是我建議把架構用矩陣的模式寫在紙上或是電腦裡 (參見圖 7)。Weimer 與 Vining 將這種文件稱為政治分析工作底稿 (political analysis worksheet)；它的主要目的在於讓你思考各種可能的政治情節 (scenarios) [63] [64]。

把利益相關者 (個人及組織) 列在紙張的左半邊；然後將所要分析的政策對應至行為者的動機、偏見與政治資源上，放在工作底稿另排一列。藉由填寫每個空格，你將會在本質上「勾勒」(mapping out) 出政治環境，這個認知是對政策採納的策略思考所作的第一步。當你在琢磨政治環境時，請隨時更新空格的資料，如此方能讓工作底稿成

60   Bardach, "Problem Solving," 3.

61   Patton and Sawicki, *Basic Methods*, 315-316.

62   MacRae and Wilde, *Policy Analysis*, 103-105.

63   Weimer and Vining, *Analysis Concepts and Practice*, 295.

64   Patton 與 Sawicki 的 *Basic Methods* (頁 315-316) 亦有相似的途徑。

為活的文件。舉例來說，當提議的政策被公開發表後，有些你認定的行為者將會跳出來發表他們的意見，這樣他們的利益，以及你可能忽略的重要行為者的利益，可能因此而攤在陽光下 (bring to light)[65][66]。

然而，在現實世界裡，事情並非那麼直接明確 (straight forward)；要注意你可能會把模型裡的實驗室條件與現實世界問題解決的困難作對照，進而做出錯誤的判斷[67][68]。因此，Quade 極力主張分

圖 7 依照政治可行性而決定政策方案

利益相關者	政治環境			政策
	動機	偏見	政治資源	
個人				P1
				P2
組織				P3
				P4

---

65 這個矩陣是以 Meltsner 對行為者、信仰、動機、資源、與場所 (sites) 概念化所作的經典與被廣泛引用的模型為根據。見 Meltsner, "Political Feasibility," 32: 859-867.

66 有關政策可行性的討論，見 Webber, "Analyzing political feasibility," 14, 4: 545-553; May, "Politics and policy analysis," 101, 1, 109-125; 以 及 Majone, "Political feasibility," 3: 259-272.

67 Holling CS ed. *Adaptive Environmental Assessment and Management*. Chichester, England: Wiley, 1978, 170.

68 Quade, "Pitfalls in Formulation".

析者要確定已經告知他的當事人 (client)，哪些東西決定不納入模型之中，「否則會讓他的當事人誤以為他的結果所能解釋的比它們實際上能解釋的還多。」[69] 由上所述可以明顯得知，建構一個分析架構，正如上面所描述的，應該協助分析者識別那些當初考慮選擇省略的變項，以及從選擇的因素所觀察到的互動關係提出辯護。

> 當使用模型來預測政治結果 (outcomes)時，要考慮做決策的場域 (arena)，也就是它的規則 (rules) 與獨特的政治特性 (features)。可能的話，把分析相關的爭辯轉移到一個對場域有利的政治計算 (political calculus)。

　　適用於房地產業的說法，也適用於政策的採用(policy adoption)：當牽涉到政治時，除了地點與地點，還是地點才算數！(What counts when it comes to politics is location, location, and location!) 決策場域的改變，即表示一群 (a constellation of) 政治勢力的改變、正式與非正式程序的規則，以及特定利益團體可以接近的不同程度[70 71 72]。

　　有關決策的場域如何影響政治結果的例子，可以用公會的例子來說明。1970 年，公會強烈要求成立聯邦職業安全與健康部門 (OSHA)，他們認為州立法部門不夠順從民意，並且相信：如果有關健康與安全的法規能夠在全國廣為宣傳的話，他們更可以發揮影響力[73]。政治勢力除了可以將決策焦點，放在不同層級的政府間轉換之

69　Ibid., 29.

70　Lynn, *Managing Public Policy*. 尤其是第五章。Lynn 特別強調政策執行與決策地點的重要性。

71　Meltsner (1972) 指的地點 (sites) 就是地點 (loci)。

72　Patton and Sawicki, *Basic Methods*, 168-171.

73　Weimer and Vining, *Analysis Concepts and Practice*, 298.

外，也可以在不同政府部門間轉換，甚至是在同一部門間不同的場合中轉換。舉例來說，法案被分配到哪個國會委員會，通常就已經決定了法案最終的命運[74]。

模型的種類 (Types of Models)

在建構模型的階段，要注意有許多模型的種類、預測的方法，以及模型建構的途徑。

　　比方說，模型的種類可以是實體的、自然語言、數學公式或是電腦程式；預測的方式可以是判斷 (judgment)、實體操弄 (physical manipulations)、數字近似值 (numerical approximations) 或是模擬 (simulations) 的方式；模型建構的途徑可能包括最佳化、系統動力學 (system dynamics)、輸入－輸出，以及其他方式[75][76][77]（見圖 8）。

　　分析者應該避免改變問題來適應他最喜歡的模型、預測方法或是途徑。比方說，模擬可能被選為最容易理解、最容易建構，以及最便宜的方法。但是，它可能不適合，而且有時候會產出分析者不想要的模型，因為它無法提供對觀察後結果的解釋，還有它很慢，這可能會增加令人無法接受的支出成本[78]。

74　在與 Leslie Pal 討論本書手稿的過程中，他建議有關地點的議題不必然是跟模型建構有關，而是跟獲勝 (winning) 有關！

75　International Institute for Applied System Analysis. *Beware the Pitfalls*, 12.

76　亦可參見 Stokey and Zeckhauser, *A Primer for Policy Analysis*, 8-9.

77　MacRae and Wilde, *Policy Analysis*. 兩位作者對這三個觀點的看法請見頁 9-10, 99-119, 135-139，及 224-225.

78　International Institute for Applied System Analysis. *Beware the Pitfalls*, 12.

8　構模

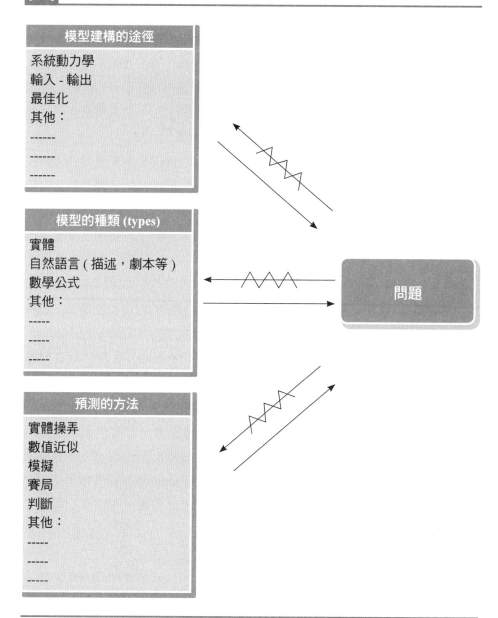

在試圖建立模型時，分析者可能會想要考慮其他各種可能的模型與問題關係，例如：

現實世界體系中，在決定你的分析組成要素之前，必須要先檢驗現實世界的模型。舉例來說，在軍事演習裡，為了要瞭解反叛亂的狀況，我們被迫依賴真實世界發生的情況來獲得相關過程的瞭解。就環節而言，我們可以試著使用其他模型建立的技巧，但主要是利用這些技巧來達到結構化的瞭解，而非決定的選擇 [79]。

賽局 (gaming)：舉例來說，無論真正的情況是以何種方法代表，最後做出決定還是在於人。例如 Blumstein 聲稱在地面戰鬥中，只有最簡化的問題面向方能被邏輯化地處理。如果我們試著去模擬，地面指揮官面臨的複雜決定將促使你押注，這時作戰上的操練在賽局中提供資料輸入的角色就變得非常重要。

模擬：在這裡，人做為決策者的因素被移除了。這個系統被放在電腦裡運作，使得整個運作更加快速，而資料的取得也快多了。但其中有個缺點，因為電腦無法真正代表人類的彈性與易變 (versatility)。模擬通常是被當成分析性建構 (analytical formulation) 時的檢查標準 (check)，還有對分析提供輸入的資訊 (input information)。

分析模型：分析者必須發展一個公式化的系統，一方面把相關的系統特性 (characteristics) 都包含在內，而在另一方面也包含檢驗效力的方法 (如線性模型、排隊等待模型 (queuing models)、存貨模型 (inventory model) 與公式系統 (systems of equations))。這些模型都源自於數學與參數 / 量 (parametric) 的關係 [80]。比方說，在空中交通指揮

---

79 亦可參見 Blumstein, "The Choice of Analytic Techniques," 39.
80 參數關係認為問題的變項總是固定不變的 (fixed)，而分析者必須將這些變項視為既定無法改變的事實。

系統中，排隊等待模型可以被用在決定飛機延遲優先起降的規則。通常，分析的公式允許先確認那些必須在模擬狀況下，被完整檢驗細節的關鍵性因素。

分析者要注意到，描述問題的模型可以用很多不同的方式來表現：

　　以簡單的陳述，比方說，「預算赤字乃肇因於過去幾年對強制性計畫的花費大增。」

　　或是，回溯 (retroductive)/ 直覺 (intuitive) 的模型 [81] [82] [83]，先描述問題未來的狀態，然後使用跟預測結果有關的資料與假設。這些模型是「充其量不過只是人們對人類行為的刻板印象，比方說，社會福利造成福利接受者更懶惰與缺乏動力。」[84] 他們頂多只是諮詢專家後所得到的結果或是專家對於問題的看法。MacRae 與 Wilde 強調在這些模型中考慮政治與因果關係的必要性 [85]。德菲法 (Delphi) 所倡導的其他原則不只涉及到特定領域專家學者的介入，也涉及匿名 (anonymity)、重新訪談 (re-interviewing)，以及在第一次收集到的資料公佈後對原先預測的修正。它還包含試圖對預測達成一致共識，以及對專家預測的可能動機的調查。獲得資料後，分析者可以選擇寫份資

81　Dunn, *Public Policy Analysis*, 195.

82　Patton and Sawicki, *Basic Methods*, 273-5.

83　為了讓直覺型模型更加精確與夠正當性，諸如 Delphi 等方法已被發展出來。他們注重面談與再面談時的嚴格控制以及對精確資料的摘要──但是這些方法非常耗費時間與金錢。更多相關的資料請參見 Linstone, Harold A. 與 Turoff, Murray 合編的 The Delphi Method: *Techniques and Applications*. Reading, MA: Eddison-Wesley, 1975.

84　Patton and Sawicki, *Basic Methods*, 260.

85　MacRae and Wilde, *Policy Analysis*, 271.

料的摘要、情節、交叉影響分析，亦即分析互相排斥或互相衝突的結果，或是可行性評估[86]。

或者，它可以是個理論模型，這個理論模型可以依照你想建構的議題模型相關的文獻而形成、依照之前相似目的的研究所使用的模型與它們做出的預測、依照與其他地點與時間所做的比較等等[87]。比方說，如果分析者的研究涉及如何降低警察巡邏與執法時發生的意外數目，而需要對有效的預防政策做出預測，這時就可能想要使用理論模型來對問題、對預防的實驗手段，以及對分析個案有用的預防方法，提供更廣泛的觀點。

或者，它可以是個複雜的數學函數，這個函數提供研究的問題，比方說低出生率，以及特定變項特定的數值，比方說，產檢的次數、父母的收入、懷孕期間併發症的次數和之前懷孕的次數[88]。

大多數模型的基礎，就是對於是何種事物在推動社會運作的一個基本信念，它是一個將理論運用到特定政策問題事實的架構。Weimer 與 Vining 建議，當你遭遇到許多政策問題時，經濟學架構是個協助你建構模型的開始 (entree)。以經濟學架構為基礎的模型認為：問題都是起因於若非政府所致，就是市場機制的失靈，因而無法與講求效用極大化的個人與社會互相協調。在這種情況下，經濟學模型可能有助於瞭解為何某些物品被過度分配或是分配不足[89]。以電力公司在產生電力時所製造的污染為例，有關這問題的經濟學模型，會將焦點放在社會成本與個人成本間的差異。當消費者在付電費時，他

86　有關可行性分析的深入討論，參見 Webber, "Analyzing political feasibility," 14, 4: 545-553.

87　你或許可以參考第一章所提到的「蒐集資料」這一節的討論。

88　Weimer and Vining, *Policy Analysis*, 185.

89　Ibid.

們並沒有為因為污染所造成的危害健康，與破壞環境的成本而支出額外費用。因此，在缺乏任何形式的市場干預下，消費者將消費過多的電力，而電力公司也將產出過多的電力。這個模型已經明確指出問題所在：不適當的價格將導致扭曲 (distorted) 的購買與製造之決定。

然而，經濟學模型在某些情況並不適用[90]。這些情況就是當個人財富與效用極大化的原則無法產生解決問題的動力，工作歧視是個很好的例子。某些優秀的工人因為種族或性別的原因而被拒絕錄取，這種決定不適用於公司追求最大獲利的原則。因此，在這個例子中，歷史或社會學的模型，可能比經濟學模型更適合解釋這裡的因果關係。

無論是經濟學的、歷史學或是社會學的，模型可以是決定論的 (deterministic) 或是或然性的 (probabilistic)、敘述性的 (descriptive) 或診斷的 (prescriptive)。決定論模型 (deterministic model) 係根據某些事實為根本，以及根據輸入 (input) 會有特定產出 (outcomes) 的情況。比方說，假若你提供更多的科學課程以及更多合格的師資，學生的科學課程成績就會提高，這並不代表結果一定會這樣，但是隨機干擾 (random interference) 的程度會受限，而且你的分析結果與事實的近似度也會大增。在決定論模型中，一旦變項彼此間的關係以及最初的條件被決定了，那麼預測的結果就會非常確定。為了做出這種預測，在此建議分析者以成功與失敗的比率為基礎，發展出幾套假設 (不預設哪套假設比較可行)，並且假定每套假設的結果皆為確定的。隨著時間與最初條件的推移，結果可以用單一的方式 (singular manner) 決定出來。

90　Etzioni, "Making policy for complex systems" 4, 3: 383-395. Etzioni 反對將政策分析侷限在經濟學模式，而提出醫學知識的例子，這例子包含了社會、政治、環境、文化、與精神領域本質的資料。

另一方面，或然性模型認為特定環境的結果並非獨特的，而是在同樣的條件下有可能產生數種不同結果。Stokey 與 Zeckhauser 舉了一個跟建構傳染病發展 (epidemic progress) 相關的健康政策例子來說明。[91] 其基本的假設為：與某種特定疾病患者接觸過的人，大約百分之三十也會罹病，十個與患者接觸過的人約有三人會罹病， 但是，也有可能是二至四人會得病，還有很低的機率為九或十人會得病。因此考慮到所有可能預測的模型，可以提供健康政策計畫者相關的機率與經驗。

使用敘述性的模型來幫助你確認政策選項的影響。

敘述性模型是描述「這世界如何運作」的方式[92]。它基本上試著去描述、解釋或預測系統的其他部分的改變時，某些變項如何去因應這些改變，以及它們如何去影響部分或是整個系統。在敘述性模型更深入地協助找出與診斷 (prescribe) 哪些是具體可行的做法 (desirable courses)，這時這個模型就被稱為是診斷的模型 (prescriptive model)。

設計敘述型模型的一個有用方法就是利用決策樹技巧，即是一種圖解式的圖表說明問題為何、何種決定可能被採用，以及每種決定所可能遭遇到的問題。決策樹基本上就是用流程的圖表 (flow diagram) 來說明決策問題的邏輯結構。它包含了四個主要部分：決策節點 (decision nodes)，也就是可能的行動做法 (open courses of action)；機會節點 (chance nodes)，說明以不同不確定性的觀點來看可能的結果；或然率 (probabilities)，也就是執行各個機會節點的機會；以及收益 (payoffs)，它總結了各個選擇或是所有選擇結合後，可能發生的後

91　Stokey and Zeckhauser, *A Primer for Policy Analysis*, 16.

92　Ibid., 14.

果 [93] [94] 。

　　上述診斷有一個明顯的問題，就是一個政策選項的所有衝擊對分析者來說，可能都不是顯而易見的。這也就是為何我們建議使用例如等候模型、差異性公式與電腦模擬等敘述性技巧，來幫助你確認相關的衝擊。比方說，為了估計因為限用排放某種有毒物質所帶來的健康益處，分析者可以從模擬模型中，對各種不同程度的污染所可能造成疾病的後果，經由資料分析來做出推論 [95] 。

　　另一個問題就是敘述性模型只能定位 (locate) 可能性的前緣 (frontier)，也就是何種結果是被預期的。在這種情況下，就算後果已被清楚地確認，分析者仍須將偏好指出來，以作為決策的基礎 [96] 。

　　偏好的比較可以靠配對比較 (pair comparisons)，以辭彙編纂順序 (lexicographic ordering) 的方式，一次比較一個特性 (attribute)；以滿意取決方案 (satisficing)，此捷徑只會造成小小的損害，因此是可接受的，並且還可根據特性的排名 (attributes ranking) 所做的優勢調查 (investigation of dominance) 來計算選項 [97] 。

當結果的不確定性高到某種程度，使用或然性政策模型 (probabilistic policy model) 而非採用平均值的模型 (a model assuming average values) [98] 。

93　有關決策樹更進一步的詳細說明，請參閱 Behn, RD. 與 Vaupel, JW. *Quick Analysis for Busy Decision Makers*. New York: Basic Books Inc., 1982.

94　同一議題亦可參閱 Patton 與 Sawicki 的 *Basic Methods*, 頁 160-163; Weimer 與 Vining 的 *Policy Analysis*, 頁 360-361; 以及 Stokey 與 Zeckhauser 的 *A Primer for Policy Analysis*, 頁 202-254.

95　Ibid., 192.

96　Ibid., 115.

97　有關相關技巧的深入討論，參見 Stokey 與 Zeckhauser, *A Primer for Policy Analysis* 之第八部分 "Defining Preferences," 頁 115-133.

98　Stokey and Zeckhauser, *A Primer for Policy Analysis*, 16.

　　適用於政策模型的事件很少是確定的。但是在大多數的個案中，分析者常會因為在模型裡採用平均數，而失去了分析的深度洞察力 (insight) 與精確的推斷。比方說，某個州政府的衛生部門可能會使用某個模型來決定如何補助各郡的衛生部門。模型可能大膽假設，在人口統計學上如果有相似背景或相似環境衛生措施的郡，其相同疾病的發生機率也可能雷同，因此在預算的分配上也應該差不多。(郡級的流行病學資料應該是比較適合的決策指標，但是這裡假設該資料無法被取得。) 儘管實際上疾病發生的機率在某種程度上是隨機的 (randomness)，在這種類型的案例中使用平均數應該是可接受的。因為一般來說，我們對這種情形的平均值可以有比較大的信心。

　　在其他的案例中，使用平均值可能會對分析的進行，以及依賴它的決策者產生嚴重的誤導。在這樣的案例中，本文作者推薦使用或然率模型，也就是，模型會產生各種可能發生結果的分佈 (distribution)，並非以平均值作為基礎來提出單一的結果，而是對其結果做出分配。作者提出以某個提供人們報稅諮詢的國稅局辦公室為例子 [99]。在為這個辦公室排隊等待的情況發展模型時，去假設一整天，人們會以固定的速率進入辦公或尋求諮詢是件很愚蠢的事。比較可能的情形是，每家公司各有不同的午餐時間，以及一些不可測的因素會影響機率的分佈，因此人們來到國稅局辦公室的時間也不固定。瞭解這種或然率分配的話，對辦公室主管在員工排班的更替與分配，以及評估長時間等待與薪資增加間的取捨 (tradeoff) 上都能夠有所助益。這比起計算一天中平均走進辦公室的人數，再以這個平均數與收入的衡量來做決策的方式有效多了。或然率分佈的形式加上常識的運用，能夠引導你決定在模型中採用平均數還是或然率分配。預估

99　Ibid.

值的範圍愈大 (或是說資料的變異性愈廣)，則在模型中使用平均值方法的信心就應該愈低，而你也應該更加傾向使用或然率模型[100][101][102]。

　　另外一個因素則是對於問題之嚴重性或是財務上的成本支出都應該提出檢討論。雖然平均值告訴你大多情況中最能預期的結果，但是如果所建構的模型是有關傳染病的傳播，且變異數反映出人們與病患接觸後罹病機率的或然性不同，你可能比較不會考慮使用平均數這方法。就算感染的機率並不大，還是需要三思；「防患於未然」(better safe than sorry) 或許是現今的法則。平均數可能是有危險的 (average values be damned)。

> 將診斷式模型用在決策規則的操作化中 (Equip a prescriptive model with a decision rule's operationality)。

　　診斷式模型有兩個基本特徵。第一，為了解決問題，它們對所有可獲得的選項做出預測性的結果。這項特徵為「解決導向模型」(solution-oriented models) 與「問題導向模型」(problem-oriented models) 區分出兩者間的不同：相似測量結果 (like-measured outcomes) 的比較可以讓診斷式模型有解釋力，但是解決導向模型也必須具備的第二個特徵就是決策規則 (decision rule)，這是為了選出必勝選項 (winning alternative) 的一套程序或是原理[103]。比方說，成本效益模型適用決策規則就是：如果打折後的淨利為正，那麼就繼續使用這個計

---

100 MacRae and Wilde, *Policy Analysis*, 103-105.

101 有關更多公共政策分析的模型建構技巧細節，讀者或許可參閱 House 所著之 *The Art of Public Policy Analysis*.

102 有關更多模型建構的陷阱的討論，參見 Quade, "Pitfalls in Formulation".

103 Stokey and Zeckhauser, *A Primer for Policy Analysis*, 14.

畫。通常在操作模型之前，先明確地說明決策規則是比較好的。或許你會想推薦一個沒有通過決策規則的選項，或是依照結果而修正規則，這時預先具體說明決策規則，以便能讓你在意識清楚的情況下明確地對前述情況做出決策。

然而，我們要知道透視模型 (perspective models) 很少對特定政策問題提出獨特有效的解決之道[104]。　　　　ooPoo (小心！常犯重要錯誤)

很顯然的，兩個不同透視模型可能引導出互相衝突的結果，然而此種情況在模型的直接應用是不太可能的。Strauch 認為這兩個不同透視模型的解決方法，在於找出一個能兼容兩者觀點有效的方法[105]。

當你所分析的系統裡存有不確定因素，就要利用統計模型。藉由分析相關因果關係的統計機率，可以使用量化的方式來表達這些不確定性。

這項原則係假定你所分析事情的屬性 (attribute) 可以被轉化成可測量與可理解的單位，不論是由於意外而失去的金錢、平方公尺或是天數[106]。這種分析因果關係的模型之一就是線性統計模型。由於這種模型簡單又方便，當分析者相信所研究的因果關係是線性的，或是近似線性關係，我們會建議分析者使用這種模型。在這個模型中，依變項 (DV)Y 是由自變項 (IV)X 所造成的，而 e 代表的是在這條預測

104　Ibid., 44.

105　Strauch, "Critical Assessment of Quantitative Methodology," 59.

106　MacRae and Wilde, *Policy Analysis*, 105.

的直線中的誤差 (error)。方程式考慮到這些變數以及直線中截距和斜率 (在方程式中以 a 和 b 來表示) 的誤差程度，便可以計算出一個預測數值。方程式可以用 Y = a + bX + e 來表示。如果你需要考慮到兩個以上的資料點 (data points)，那麼你就不能預期它們被置於同一條直線上，因為這種狀況下的公式是屬於迴歸公式，而相關的研究方式稱為迴歸模型 [107] [108]。

標準 (Criteria)[109]

發展一個可以衡量政策目標所有重要面向的標準[110] [111]。

實質上，分析者在操作這條原則時會面臨到一個抉擇問題，也就是如何在一個廣泛評估 (comprehensive evaluative) 模型與一個簡單或是「簡練」(elegant) 模型間的價值作取捨。綜合價值 (value of comprehensiveness) 一詞，簡單說就是將所有政策目標的重要面向都內化 (internalize)。簡單價值 (value of simplicity) 則表示標準的數目愈少，則分析愈容易管理，兩者間的得失取捨也就更加明顯 (starkly)。

如果不這麼做，可能會對政策是否會成功達到政策目標的的評估做出誤導 (misleading assessment)。為了強調這點，Weimer 與 Vining 引用了美軍在越戰的經驗。雖然有好幾個標準可以判定美軍是否打勝仗，兩位學者主張如果將焦點鎖定在某個單一標準：美軍死亡數目，

---

107 有關線性與迴歸模型更詳細的討論，參見 MacRae 與 Wilde, *Policy Analysis*, 106-110.

108 亦見 Weimer 與 Vining, *Policy Analysis*, 371-384.

109 有關標準的討論，在下一章 (第三章：選擇方案) 會繼續加以討論。

110 Weimer and Vining, *Policy Analysis*, 191.

111 讀者在讀到第三章時可能可以參考這一節。

那麼將會導致用不正確的判斷基準 (measures) 來評估戰爭勝利的目標[112]。

為了依據統一標準來做決定 (decide upon a criterion)，分析者應該尋找更多不同方法來衡量系統的效果。可能是考慮在成本固定下找出最大的效益，或是固定效益下找出最低的成本，分析者應該從一堆選項中做出挑選。而效益評估方法的選定，必須取決於系統中的不同性能 (per performance)[113][114]。

> 將測量相同單位的評估標準單一化[115]。
>
> ooPoo (小心！常犯重要錯誤)

為了獲得簡易分析模型的好處，分析者應該把標準化約成相同量面，也就是讓測量可以在同樣單位 (例如通勤時數或聯邦稅) 的標準下進行[116]。最常見的方法就是對替代方案的所有影響化為相同的計算單位來作測量 (比如說貨幣)。以成本效率為考量，如果人們願意為某些事情付出，這將是效益，如果他們為避免某些事情而付出，這便是成本。這種方法讓我們可以在同一基礎下測量效益的影響。

然而我們要對標準均一化提出警告：雖然用同樣的單位測量，有些東西還是無法被直接加以比較[117]。一般來說，將所有貨幣化後的成本都放進同一個會計科目，是一個能夠明確說明這種限制的最好例

112　Ibid., 199.

113　Blumstein, "The Choice of Analytic Techniques," 33.

114　有關公共政策分析中的標準語其他相關議題的深入探討，參見 Patton and Sawicki，頁 186-188 以及 208-219, 以及 Weimer and Vining 的 *Policy Analysis*, 頁 198-204.

115　這條規則也將在下一章討論。

116　Weimer and Vining, *Policy Analysis*, 206.

117　Ibid., 209.

子，譬如從政府的角度來看，因為稅收減少所造成的成本，可能比產業界付出相同成本的代價還高。

如果在效益標準貨幣化 (collapsing monetized benefits) 之下作相同考慮也會成立：在大多數的情況下，其中的受益對象不同，可能對你的政策方案之選項評估結果造成極大影響。比方說，在紐約市一個政府補助、私人興建的住宅計畫中，雖然低收入戶以及建商都是這個計畫中的受益者，且兩者的獲益都是以美金來作衡量單位，支持者在對低收入戶之房租降低的重視程度，遠遠高於建商獲利與否這個面向。

當你必須在相互排斥的選項中決定，或是當你的選擇受限於資源時，不要使用成本效益比來作標準[118] [119]。

成本效益比只是研究企劃中總效益與總成本間的比例 (不要與淨效益 / 原始成本的比率搞混了，這個比率只是用來作排名的一種方式 (ranking device) 而已)。當評估單一選項時，如果成本效益比大於 1 (亦即，這個計畫預期會產出淨利益)，那麼這計畫應該被執行，但是當這決定包含其他相互競爭的選項或是有資源上的限制時 (如預算)，如果單純使用成本效益比的決策規則，更會讓你偏離衡量的正確方向。

試想，對一小塊地的使用有兩個方案選項：方案一產出 $10,000 的獲利且支出 $1,000 的成本 (淨獲利為 $9,000)，而方案二產出 $100,000 的獲利且支出 $25,000 的成本 (淨獲利為 $75,000)。方案一的成本效益比為 10，而方案二的成本效益比為 4。即使方案二的淨獲利比起方案一高多了，但若我們以成本效益比的觀點來作評比，我們

---

118 這條規則也將在下一章討論。

119 Stokey and Zeckhauser, *A Primer for Policy Analysis*, 146.

仍會選擇方案一[120]。在這個例子中，依賴成本效益比作為評估會與我們之前提及的「獲利最大化」規則有所衝突，在做敏感度分析時會讓成本效益比的數值偏高。如果成本被視為負獲利 (negative benefits) 的話，依照成本效益比而做出的選擇方案，相較於其他選項而言，其吸引力可能就沒有那麼高了。再者，不同的規則必然會改變計算後比率的數值，但這些不同的計算規則並不會改變比率所呈現的意義。在這樣的敏感性之下，「淨獲利最大化」這個決策規則，會比「選擇最高本益比方案」更為值得信賴。

模型的驗證 (Model Validation)

不要依賴正式的確認技巧來對模型的模擬或預測作真實性測試[121]。

模型的驗證是測試模型的程序，以確保分析的結果在合理的誤差範圍內符合已知的資料分佈 (distribution of data)，或是更簡單地說，模型精確地代表現實世界[122]。然而，當應用在預測模型中，模型的驗證只能提供分析者與當事人對必然發生情況 (certainty) 的一種虛構現象。這是因為這種模型主要的演算規則 (algorithms) 是建立在歷史資料的基礎上，而非像自然或物理法則一樣，即使時間演進，依然保持不變。事實上，這暗示著分析者需要預估 (estimation)。我們使用歷史資料來預估模型的參數，結果就是這些模型只能依它們對過去的預

---

120 Ibid.
121 House, *The Art of Public Policy Analysis*, 71.
122 Ibid., 69.

測能力而非對未來的預測能力來加以測試。實際上，這種說法意味著預測的模型無法預測轉變 (shifts) 或趨勢線 (trendline) 的曲折 (knees)，但這些要點 (points) 對政策制定者來說是最重要的 [123]。分析者在預測的模型 (或是 House 所稱的「假設如果」(would if) 模型) 中也會面臨類似的確認限制 (constraints)。舉例來說，作者要求讀者想像一個模擬總體經濟的模型，為求精確，需要在這種模型的系統中納入外在 (exogenous) 因素，像是 1970 年代發生的石油輸出國家組織 (OPEC) 石油禁運事件或是第二次世界大戰。然而，分析者應該要認知，一個模型即使可以真實模擬發生的事件，通常也被認為是一系列相當獨特事件當中之一而已。這可以說是分析者參考了一個與科學法則完全扞格的情況，而驗證的方法卻是在科學中發展出來的 [124]。

因為正式驗證有其限制，分析者應該通過模型效度的正式測試來強調其對模型驗證的判斷[125]。

分析者應該多運用自身的知識與直覺判斷對分析過程作加強 [126]。分析者被強烈要求將量化方法視為分析中所依附的 (adjunct) 方式來使用，而不是代替自身判斷的方法。

依照 Strauch 的看法，分析者應該以個別問題作為基礎，來評估模型運用在特定政策為達成目的之效度上。這跟對上帝信仰無關，對於量化模型效度的判斷，是以問題取向作為基礎。天底下並沒有

---

123 Weimer 認為有些人會對確認 (validation) 與預估 (estimation) 的意義產生混淆。我們用歷史資料來預估模型的參數，但是我們主要藉由比較它跟新的觀察資料的預測能力來做確認 (validate)。

124 Ibid., 70.

125 House, *The Art of Public Policy Analysis*, 65.

126 Strauch, "Critical Assessment of Quantitative Methodology," 30.

普遍有效的量化方法，分析者必須用其判斷力來評估所運用模型與不同問題間的適當性，以及分析者對於模型運用結果的解釋也必須小心拿捏，以免產生侷限，這條規則也不允許有前面談到「拘泥於字面意義」的事情發生。

對測量相同現象所使用不同模型或方法而得到的結果作一比較。

　　雖然比較的分析不應該和模型效度的證明相混淆，但比較分析法還是可以得到更深入的見解。如果與其他分析結果相近，意味著結果較無風險；但若偏離主流 (outlying) 看法時，即暗示著這樣的結果會有更多的風險。再者，當研究結果歧異甚大時，這樣的比較就能夠指出進一步分析是需要的。

　　如果對於國內含高硫磺煤炭使用情形的分析結果發現，供給將在2010 年消失，而另外一個對這個相同問題的分析結果，則發現要等到 2045 年才會枯竭。你會很合理地想瞭解為何這兩個分析結果差異如此之大，或許你應該在需求面上的某個重要假設作重新思考。但是即使你的結果與其他人的分析結果相似，你也不應該就此認定你的研究效度是很好的。一群相似的結果僅僅表示結果的一致，並非表示其結果就是事實 [127]。

　　再者，分析者可能想要在「研究室環境」外測試他的模型。MacRae 與 Wilde 提出如同他們對電子與醫療器材所做的同樣警告 (caution)，應該以制度或政策的設計來進行 [128]。理想中，我們一般所推薦的效度，一開始應該以實驗的方式來設計，如此一來，模型效果 (effects) 便可以被測量，也才能對模型作重新調整或重組 [129]。這種回

127　House, *The Art of Public Policy Analysis*, 128.

128　MacRaee and Wilde, *Policy Analysis*, 114.

129　Campbell DT. Reforms as experiments. *American Psychologist*., 1969; 24, 4: 409-429.

饋近似系統 (feedback approximation system)，可以對該模型所建議的途徑作可行性測試。

模型建構過程中判斷的角色

建構一個心理上 (mental) 的後設模型 (meta-model)，來幫助你在分析中加入與分析相關的主觀判斷與實質知識。

　　Strauch 提出一個非單純客觀的判斷性分析模型 (model for judgmental analysis)，其特色就是在模型中心有一個後設模型來對設定問題 (formulation)、模型要件 (specifications)，與模型結果詮釋等等的流程作引導 [130]。順著這樣的概念，分析者已經在腦海中有了後設模型作為基礎，再進入問題解決的主軸。這個基礎就是與分析者所調查主題有關的實質知識，以及有關運用量化技巧的技術性知識，這些知識構成了分析者在分析過程中的每一步上所須擁有的直覺判斷力基礎，尤其是設定(formulation)與詮釋(interpretation)的連結(linkages)。

　　要提供一個有關後設模型如何被建構，或它如何運作的操作型定義是件困難的事。這是因為後設模型是建構在直覺、非口語的基礎之上，它提供了對政策分析中比較口語化，以及線性要素瞭解過程的檢驗。你如何用文字來描述非口語化的過程？作者認為直覺與判斷都可應用於後設模型中，這是因為在後設模型與其他分析工具交互過程中所產生的中介口語化 (intermediate verbalizations)，皆可視為分析中問題與結論正式化階段的外在結構。然而毫無疑問的，後設模型是整合

---

130 Strauch, "Critical Assessment of Quantitative Methodology," 40-58.

了實質知識與模型所產生結果的過程，在這過程中便會產生主觀的判斷。

藉由建立主觀的分析，使你的研究調查 (inquiry) 有所偏袒。

　　政策分析可以用兩個特定方式來表現客觀：它可以是不表示立場的 (free-standing) 或是不偏不倚的 (unbiased) [131]。第一種意味著分析的結果或產出 (product) 必須與知識本身屬性 (property) 相關。Strauch 主張不表示立場 (free-standing) 的分析結論，是一種完全建立在邏輯與相互主觀事實中的知識。而不偏不倚指的是發展這種知識的研究調查者所產出的分析與結果。「未預設立場」(unprejudiced) 的分析是指研究調查者在面臨問題時，心中不存在對解決方法的任何立場。沒有偏見的研究調查者是「想要瞭解事情的本身，而不是想要事情演變成為分析者所想要看到的事情。」[132]

　　儘管這兩種客觀性在自然科學中並不相互衝突，複雜 (squishy) 問題的調查研究，可以迫使研究者在主觀建立的 (subjectively grounded) 方法以及有偏見的研究中做出選擇，而不表示立場 (free-standing) 的主觀是比較可以接受。這樣的取捨，是因為「我們無法將注意力範圍限縮在可被量化或易於分析處理 (tractable) 的部分，同時又要『看清事情真正的本質』。」[133] 也就是說，為了追求無效的獨立知識而抑制主觀判斷，將對調查研究 (inquiry) 產生另外一個更嚴重的偏見，導致你忽視不能量化的東西。這裡所有的結論說明了如果想要盡可能地透澈瞭解問題，且讓問題的形成與詮釋得到最佳結果，分析者必須用其主觀判斷來建立分析的結論。

131　Ibid., 58.

132　Ibid., 40.

133　Ibid., 40.

不要依賴消費者的判斷所做成的分析，來詮釋結果的效度與應用性[134]。　　　　　　　　　　　　ooPoo（小心！常犯重要錯誤）

　　實際上，當分析者使用權變原因 (contingent rationale)，他們會說「假設是否合理，並不是我所能決定的，但我可以確定結論不久就會出現。」這種分析只是用來幫助分析者逃避判斷責任的說詞。而且，這種分析是基於一種有問題的假設，也就是認為分析中的當事人 (client)、公共大眾或任何其他消費者，都可以把他們自己的判斷加諸於產品 (product) 上。我們已經以各種形式講了很多次，在複雜問題的量化分析中，分析者的判斷應該是不可或缺的一部分。

　　因此，要注意的一個事實就是有時候你可以建構分析，以當事人提供的特定數值作為推薦 (recommendation) 的基礎。比方說，一個儲存物資 (stockpiling) 計畫，或許在淨獲利上有可能會發生極度依賴未來十年內某個主要的物資供應者，也或許找出平衡損益 (break-even) 的可能性 (probability)，來讓當事人拿來與自己的期待加以比較，是個頗為合理的做法。當然，幫助當事人建構有關風險的思考，也可能是分析的一個重要部分[135]。

使用技巧性 (craft) 的判斷來決定何種資料是值得期待的好資料。

　　因為完美的資料是不可得的，所以接受資料的標準必須是根據個別的特定問題，以及對資料表現的功能優劣所作的技巧性 (craft) 判斷而定[136]。有時候，分析者會無法辨認社會經濟統計中巨的大誤差，

---

134 Strauch Ralph E. "Squishy" problems and quantitative methods. *Policy Sciences*, 1975; 6:211.

135 David Weimer 在閱讀本書最後草稿時所提出的意見。

136 Majone, *Evidence, Argument and Persuasion*, 47.

而根據趨勢做出不正當的結論。比方說，分析者對於那些可以扭曲資料的影響力要很小心，像是「霍桑效應」(the Hawthorn Effect)，人們在得知自己正在被觀察時，可能會做出和平常不一樣的舉動[137]；或是「生態謬誤」(the ecological fallacy)，也就是從一大群人所得到某項特性 (properties) 平均值的相關係數，通常無法為其中這些個人特性的相關係數提供可信賴的證據[138]。

有關生態謬誤的例子，可以 Emile Durkheim 對自殺的研究為例。Durkheim 比較三個省份的識字率與自殺率的關係，結果得到的相關係數值接近 0.9。從各個省份的平均值所計算出來的相關係數等於 0.6，這個數值甚至大概也誇大了這關係的強度 (strength)。[139]

要注意的是，Majone 故意使用「技巧判斷」(craft judgment) 這樣的空洞名詞，來避免我們試圖對判斷過程加以定義。作者視判斷的一部分為從統計學所習得的知識，其他的部分則來自經驗。依照這個看法，判斷需要依賴內在的、學科的 (disciplinary) 標準與跟問題本質有關的標準。同時，對健全資料的簡單判斷就像是個整體的縮圖 (microcosm)，所有個人判斷與累積的制度經驗都是在做分析工作。

> 當把量化分析技巧應用在複雜 (squishy) 的問題上時，要強調判斷勝於方法。

依照 Ralph Strauch 的說法，大多數政策分析者關注的問題都是不良定義的 (ill-defined)，或是複雜的 (squishy)。複雜 (squishiness) 是作者所使用的專有名詞，指的是政治；或者較廣泛的說法就是人類行

---

137 Ibid., 47.

138 Ibid., 54-55.

139 Ibid., 55.

為在問題中心所能影響的程度。複雜問題是不良定義的，有著「含糊不清」的本質結構，可以用數種不同的量化方法建構出適當模型，而這樣的模型面對明確且無以爭論的正確解決方法，是很難通過考驗的。更重要的是，在問題中它們也需要允許大量分析者主觀判斷。比方說，「太空總署未來 25 年的策略應該是在月球建立一個前進基地、登陸火星、建立一個軌道太空站，或是其他完全不同的事呢？」「依照目前太空站的結構 (configuration)，太空梭要來回幾趟才能將建造太空站所需的材料送上人造衛星軌道呢？」像這樣的問題在 Strauch 的複雜度評量中的得分是很低的，因為它提出一個更有界限性 (bounded) 與分析性的問題。

要考慮一個事實，就是當問題是複雜的，它們僅能透過薄弱無力且時而易脆的連結（linkages）來與量化模型作連接（connect），因此有判斷的需要（need）。

這些連結將實質 (substantive) 問題與模型 (真實世界的縮小版) 連接起來，也把模型的結果與實際政策解決方案作了連接[140]。這些 Strauch 所稱的連結、模型公式化與結果詮釋，在分析者的判斷過程中扮演著支配性的角色。公式化 (formulation) 涉及了判斷有關問題究竟是什麼、應該如何把問題形塑為可被分析的問題，以及在模型有所不適用且會帶來扭曲 (distortions) 時，又有何種模型可有效地被用來分析等等問題。詮釋涉及了判斷什麼樣的結果對於實質問題的真正意義能獲得上述的不適當性。整體結論大多取決於這些判斷而定，事實上最終也必須建立在這些判斷上。好的分析者因為善用了這些判斷而能做出好的分析[141]。

---

140 Strauch, "Critical Assessment of Quantitative Methodology," 41.

141 Ibid., 65.

　　雖然「運用良好的判斷」的法則 (edict) 與大家所說的「要有創意！」是同樣有用的。但這裡的重點是在強調量化分析最關鍵的部分要取決於「分析者的判斷」，而非模型設計的技術面。沒有了判斷，分析結果還不值得把它列印出來。

隱藏的缺點 / 易犯的錯誤 / 陷阱 (Pitfalls)

模型的建構

不要把模型建構與分析或是政策制定搞混了。

　　模型只是政策分析過程中的一個階段，政策模型的角色在於告知決策者採取某種行動、其後果為何，以及在某些情況下，指出何種為最佳或是最可行的行動 [142]。分析者要時時牢記，構模並不會、也不能取代政策分析，而且更不是在制定政策。構模只是過程之一，這過程需要從其他來源獲得額外資料，也受限於很多干擾的因素，不論是政治的、制度的，或是技術上的。構模也在嚴謹的分析下來綜合資料，並在資料與收益 (payoffs) 間扮演了相互關係角色。

避免建立一個符合學術標準但卻不符政策目標的模型[143 144 145]！

---

142 International Institute for Applied System Analysis, *Beware the Pitfalls*, 12.

143 Ibid., 12.

144 Quade, "Pitfalls in Formulation," 37-38.

145 這項論點亦見於 Ansoff, HI 與 Hayes RL. "Role of Models in Corporation Decision Making." In *Operational Research* '72, Ross M., ed. New York: American Elsevier, 131-162.

　　分析者通常偏好從非直接觀察所得到的推論模型，這種模型主要是從系統過去的行為假設來得到力量。就重新製造與過去實際發生事件有關的資料而言，是有效、優雅的等等。從使用者的觀點來看，理想的模型應該是可信賴的、有成本效益的，以及可被應用的，也就是說，推論模型能夠被用來當做行動基礎的發現 (findings)[146]。

當鑄造模型時，要瞭解的一個事實就是當情況愈複雜，你就愈不能接受模型的抽象化 (abstraction of the model)[147]。

　　比方說，針對戰術飛航區 (tactical-air area) 的議題，分析者常被迫使用特定問題的一小部分來模擬與分析公式化 (analytical formulation)。分析者想要在對決策者進行的實驗中來決定談判協商規則，以及適用的教條 (fitting doctrine) 等等。這樣的結果就是分析者可能會發現自己身陷賽局 (gaming)，因為司令官的決定在假設中佔有極大的重要性。

不要以犧牲政策模型在公式化與澄清問題方面的價值為代價，過度強調它們的解決面[148]。

　　在許多情況下，模型可以帶領分析者選擇最理想的政策選項。比方說，某個分析以將城市如何從兩個不同水力發電廠獲得水電最大效用的模型為例，其中一個發電廠離這城市很遠，因此發電與送水的成本增加；而另外一個則離城市比較近但是營運的費用也比較高，這問

146　注意這些限制是很重要的，還有瞭解社會科學研究與政策分析的不同，讀者可參考 Bardach 的 "Gathering data," 2: 117-144.

147　Blumstein, "The Choice of Analytic Techniques," 33-43.

148　Stokey and Zeckhauser, *A Primer for Policy Analysis*, 13.

題可以用數學式解法，計算出哪個發電廠的效用最高。

然而，剛從事研究的分析者或許會忽略了模型在發現解決方案以外的價值[149]。不同於解決導向的模型 (solution-oriented models) (又稱為規範的模型 (prescriptive model)，因為它們規範 (prescribe) 某種行動)，問題導向的模型 (problem-oriented models) 可能無法馬上找出最理想的選項。反之，它們對決策過程最大的貢獻，在於它們對模糊不清 (fuzzy) 的問題澄清、呈現 (surface) 假設，以及強調取捨 (tradeoffs) 的能力。舉例來說，決策樹可依某一組結果，幫助你確認事件或決定的次序 (order)，各個事件導出某個結果的獨立可能性，還有每個結果可能發生的機率。如果每個結果的獲益 (payoff) 未知，這種模型就沒有將問題條理化的能力，但仍會保有它協助你澄清取捨的本質 (nature)，以及這些取捨造成後果的實質價值 (substantial value)。

分析者應該注意的是：設計出一個包含所有相關問題的模型是不太可能的；分析者反而應該嘗試的是，跟研究有關的問題中，有適當模擬到真實世界狀況的程度，讓分析者可以提出對問題不只一種的解決方案[150]。

依照決策所定的成本或價值，並按比例分配用來運作模型的資源[151]。

模型的好壞從便宜又粗俗 (unrefined) 的 (在信封背面隨手寫的數學公式)，到昂貴又複雜 (sophisticated)，包含數百，甚至上千個自變項的經濟學均衡模型 (equilibrium model) 都有。模型愈複雜與精確，也

---

149 Ibid.

150 Quade, "Pitfalls in Formulation," 37-38.

151 Stokey and Zeckhauser, *A Primer for Policy Analysis*, 19.

就愈耗人力與財力來建構、操作與分析。因此，Stokey 與 Zeckhauser 做了以下適度與合理的建議：你要做的決定愈重要，對這些選擇也要花更多的資源來告知。

在公式化與模型建構的階段，分析者應該注意一個事實，就是在這個過程中有好幾種方式會出錯，因為：

- 接受使用者對評價 (appraisal) 的渴望，加上熱切地希望繼續分析，可能會導致無法關注問題本身的定義。

- 將問題公式化可能是不合適的。比方說，為了確認政策的其他選項，許多差異 (variations) 必須被快速與有效地審視。另一方面，分析結果必須是詳細與具體的 (例如，在一些運輸方式被選定後，為了在相似的車輛中做出選擇)。在這種情況下，分析者應該避免非常詳細與具體的有限分析選項之見樹不見林現象，而將焦點置於不同方案間比較。所以，你的模型應該考慮更廣泛的政策選項。

- 目標無法與獲得它們的方法分開訂定。比方說，應該考慮它們的成本與困難。

- 決策者可能會因為選項是由組織其他成員所提出，因而拒絕審慎考慮其他的政策選項，這些考慮常是武斷而無正當理由的。要考慮這一點！

- 當公式化一個問題，替代測量方案常被用在測量成績 / 成就 (achievements)。這種程序的限度需要被考慮：也就是說，死亡率可以被用來測量人口的健康狀況。但是，這不一定反映出其他良好健康的因素。

- 分析者有時候會對那些與實驗室或課堂上，及真實世界中相反的複雜性情境做出錯誤的判斷。比方說，沒有把重要的後果列入考慮的話就會產生危險；另外一點就是企圖做時間與資源所不允許的事情。

- 分析者常傾向忽視困難的不確定性，這可能導致貧乏的結果，因而在執行上造成新的問題。通常分析者傾向將可計算的不確定性視為挑戰 (有關某個已知的事情或是至少在某種信心程度上可做出推論的不確定性)，而非那些所知非常少的不確定性 [152] [153]。

量化模型的使用

不要期待量化分析技巧會產出客觀的結論[154]。

因為量化的研究方法比較嚴謹，相較於其他方法，有些人認為使用量化作研究所得出的結果，較令人信服或比較可靠。Strauch 稱這種相信量化分析會自然地產出客觀結論的說法為「量化主義」(quantificationism)，量化主義會以許多不同方式呈現，其顯著特徵是強調它自身的研究方法，也就是強調模型與技巧，以及量化所產出的結果。還有相信這種特別強調把量化研究法運用在複雜問題上是適當的，因為它掌握了 (capture) 科學方法，並且提供科學途徑來解決這種問題。

其實這種相信量化方法是「客觀科學」，這樣的想法是錯位的

---

152 International Institute for Applied System Analysis. *Beware the Pitfalls*, 19.

153 亦參照 Quade "Pitfalls in Formulations," 一章的第二部分，頁 31-41。它討論一些分析者可能遭遇到的研究陷阱，例如把模型建構與分析混為一談、不當地處理不確定性、試著真的模擬現實狀況、忽視模型建構的副產品、相信模型可以是被證明為正確的 (效度問題)、追求學術而非政策的目標、將決策者的偏好與限制內化 (internalize)、沒有保持模型的簡單與 / 或相關。

154 Strauch, "Critical Assessment of Quantitative Methodology," 19.

(misplaced)。這些方法都不值得讓我們完全相信它們產生的結果。因為在問題公式化與詮釋的過程中，事實上人的判斷佔有關鍵的角色，模型產生出主觀偏見的弱點，就如同人的判斷一樣，會因為方法的不嚴謹而產生出主觀偏見。這個論點並非在指責量化分析工具，它只是建議不要讓量化分析來左右你所要做的分析。

　　再者，為了方便一般人瞭解，量化分析的資料可能必須被轉化成質化的詞語。這個論點常被誤解，因為分析者與政策決策者太常遇到這種問題了 [155] [156]。

> 當你選擇要使用量化方法時，謹防成為方法導向分析下的犧牲者 (falling prey to method oriented analysis)，因為在做決策時，它「跟其他方法一樣好」。

　　當一個「管理的」(managerial) 基礎理論 (rationale) 引起了對量化方法的應用時，卻未考慮量化方法對於特定問題的合適性，因此其所產生的風險就比較大。當最終的選擇並無太大影響力，或者每個可能決定的結果有高度不確定性時，基礎理論就常被用來做出武斷的決定。但如果合理的補助已經確立了，或預算要花在一堆相似的計畫中，而每個計畫的投資報酬率卻又不確定時，這時對預算分配的最後決定就是個好例子。「在這種情況下，就需要定義明確，可重複的步驟，以便於在幾個合理的選項中做出決定。」[157] 根據 Strauch 的說法，這種類似計畫預算的系統性技巧 (systematic techniques)，其危險

---

155 Altman, Stanley M. "Pitfalls of Data Analysis," In *Pitfalls of Analysis*, Giandomenico, Majone and Edward, S. Quade, eds. Chichester: John Wiley & Sons, 1980, 53.

156 有關這個操作規定的有關這個操作規定的詳細闡述，參見MacRae與Wilde的著作. *Policy Analysis*, 171.

157 Strauch, "Critical Assessment of Quantitative Methodology," 33.

在於：它們讓決策變得機械化，以及因為這麼做，而使判斷變得無關緊要 (banish judgment to irrelevancy)。

要對無法通過效度與實用性雙重測試 (two-prong test of validity and usefulness) 的量化模型保持懷疑的態度。

有效的預測 (valid predictions) 指的是，在一定的信任程度下，被合理地期待會發生在現實世界的預測；有用的 (useful) 意味著更簡單的分析技巧並無法提供相同效度的預測 (predictions of equal validity)[158]。

為了舉例，Strauch 檢驗了一個模擬戰鬥的模型，來說明你可能會如何測試這個模型。為了檢驗此模型的效度，他問道：這個模型是否會受到過去衝突研究中的結果而影響已知變項？他發現有一些「戰役模擬」(campaign simulation) 模型考慮到卓越用兵術 (generalship) 的影響力，可說是一個在預測軍事活動結果中很關鍵的變項。所以這個預測效度的弱點造成了此模型無法通過雙重測試的第一段測試。

其次，作者檢驗了有關宣稱戰爭模擬模型即使無法有效預測戰役的結果，但仍有利於評估新軍力部署的邊際效益，他說這問題的答案取決於模型結果是如何被強調的：究竟是結果本身，或是對結果更複雜的詮釋，最後被分析者從模擬中加以採用了。想必在這些情形下，這個模型只有在被分析者加入了本身價值以後才是有用的。

以量化分析來獲取對問題的透視 (perspective)，而非產出一個可以立刻被政策所採納的實際精確複製解法。

---

158 Ibid., 89-92.

Strauch 區分了兩種使用模型的方式：其中一種是可以對實質問題與解決方式產出深入洞悉的透視 (perspective)；或是為了模擬現實問題，而產出不需要許多判斷就可以被轉換成政策解決方式的替代品 (surrogate)[159]。

他以牛頓的力學模型為例。牛頓的模型只要是計算準確，就能每次都正確預測出砲彈的軌道，但正如我們先前所討論的，大多數的政策問題，都須依賴貧乏與脆弱的連結和量化模型相連接。因此太空總署未來的計畫就是有關這個問題的一個極佳例子：如果沒有先介紹這個模型邏輯以外的考量，那麼要這個模型產出結果，對任何量化方法來說都太過棘手。由於它們的決定性特徵 (definitive characteristics)，因此 Strauch 聲稱研究複雜問題的模型，應該被視為透視的模型而非替代品。

這在實際上所代表的意義就是：分析者必須在分析過程中 (即在問題的公式裡、模型的選擇以及對結果的詮釋) 運用實質的知識以及直覺的判斷，這個判斷提供了現實存在的世界與抽象、量化的世界之間的連結，也就是一個我們不需要拿來把「6 + 3 = 9」與它的運算模型連接，或是運用牛頓法則來計算軌道的概念。這是因為替代模型 (surrogate models) 在邏輯上是獨立的系統，而透視的模型截然不同。

利用第二種方式來使用量化模型。它能保護分析者不會陷入以技術方法為導向分析的模型中，其中這個技術方法並非補充分析。

由於分析者在模型的應用上拒絕拘泥於字面主義 (literalism) 的做法，進而強化了量化模型很少產出「正確解答」的這個事實。因此，

---

159 Ibid., 65.

建議分析者不要用機械的方法 (in a mechanical fashion) 來應用量化技巧。

再者，建議分析者不要用機械化的方式（in a mechanical fashion）來應用量化方法[160]。

　　這裡的危險是指量化分析技巧產出結果的效度，它將被歸因為方法的功勞，而非支持這些方法的判斷。Strauch 稱這種途徑為「方法導向」的分析[161]，以及「量化主義」的根源[162]。當分析者用這種方式做研究，根本的假設就是要將真實世界的問題與抽象模型做一個充分的對應。因為在抽象模型裡，判斷已被擱置一旁，而使用了方法導向的分析。

---

160 Ibid., 34.
161 Ibid., 21.
162 Ibid., 26.

總結：分析者的檢驗清單

圖 9　檢驗清單

建模型建構型的理由	是/否
我可以把這個「流動的」狀況轉化成系統的模式嗎？	☐☐
我的模型公式化可以幫助我將自己的思考系統化嗎？	☐☐
經由模型的建構，我可以更加瞭解問題裡面的各種力量嗎？	☐☐
我可以分辨出各種變項嗎？	☐☐
我可以看出可能的結果為何嗎？	☐☐
模型的建構	
我是否能確定：	
• 問題的定義決定了什麼東西會被加入模型之中。	☐☐
• 我可以看出假設背後與我的資料間隱藏的關係。	☐☐
• 我排除了跟問題沒太大關聯的事實與關係。	☐☐
• 我的解釋模型 (explanatory model) 很簡單。	☐☐
• 我的假設很明確。	☐☐
• 我充分瞭解我對後果的預測。	☐☐
• 我會留意不確定性的主要來源。	☐☐
內容與觀眾	
我是否有考慮：	
• 相關的主角？	☐☐
• 他們的動機？	☐☐
• 他們的偏見？	☐☐
• 他們的政治資源？	☐☐
• 政策角力場？	☐☐
• 其他影響政治可行性的因素？	☐☐

圖	**9　檢驗清單 (續)**	是 / 否

模型的類型	
我是否有考慮：	
• 各種不同模型的表述 (model representations)？	☐☐
• 我之所以選擇模型表述的理由？	☐☐
• 各種模型建構的途徑？	☐☐
• 各種不同的預測模式？	☐☐
• 選擇直覺式的模型？或是	☐☐
• 敘述式的模型？或是	☐☐
• 數學模型？	☐☐
• 我的模型如何描繪我的決策過程？	☐☐
• 我可以在規定模型 (prescriptive model) 加上一個決策規則的操作性 (decision rule's operationality)？	☐☐
• 我的規定模型無法建議一個獨特有效的解決方法？	☐☐
• 如果遇見的結果是不確定的話，我會使用可能性的政策模型 (probabilistic policy model)？	☐☐
• 當結果是確定的，我會使用決定性的模型 (deterministic model)？	☐☐

標準的發展	
我的標準可以測量政策目標所有重要的面向？	☐☐
我是否排除 (collapse) 了測量相同事物的評估標準 (evaluative criteria)？	☐☐
對於有關成本效益選擇時，各個不同的選項之間，我是否有個審慎處理的模型？	☐☐
如果我的選項彼此間是互相排斥的，我是否有排除使用本益比來當作標準呢？	☐☐

模型的確認	
• 我是否會避免僅僅依賴正規的確認技巧 (formal validation techniques)？	☐☐
• 我是否會將自己的模型結果與其他努力成果 (efforts) 的結果相比較？	☐☐
• 我是否會確定將自己的判斷置於對模型效度的正規測試之上？	☐☐

圖 **9 檢驗清單 (續)** 是 / 否

判斷的角色	是 / 否
我是否會考慮使用心智詮釋模型 (mental meta-model) ？	☐☐
我是否會使用專業的判斷來決定何種資料是可接受的？	☐☐
當決定使用量化分析技巧，我是否會強調判斷優先於方法？	☐☐
我是否會確定質疑我當事人的判斷？	☐☐
我是否也因為主觀的選擇模型而對自己的研究有偏見？	☐☐
如果答案為「是」，我有察覺到程度嗎？	☐☐
模型建構的陷阱	
我能否確定不會	
• 把政策分析的建構搞混？	☐☐
• 把政策制定的建構搞混？	☐☐
• 僅僅為了滿足學術的需求？	☐☐
• 低估了建構過程中產生的問題？	☐☐
• 過度強調政策模型的解決面？	☐☐
• 落入方法導向分析的陷阱？	☐☐
• 用機械的態度來應用量化方法？	☐☐
• 使用量化模型只是做做樣子或表面上的價值 (at face value) ？	☐☐
• 期待量化模型能產出完全客觀的結論？	☐☐
• 認為情況愈複雜的話，則模型就要愈具體？	☐☐
• 是否將資源花在與決策成本不成比例方式的模型上？	☐☐

Chapter 3
選擇方案

引言 [1]

政策分析被普遍認為是提供「行動方向」的調查手段，或是解決、緩和問題的多元不同策略 [2]。其最終任務是方案的選擇，而方案本質基於政策過程中的問題，且可做為政策設計的基礎。Kingdon 提供了一個最原始的比擬：選擇政策方案的演化過程，就像是生物學界所謂的物競天擇一樣 [3]，而在其他領域卻會被當作是一個隨機產生的結果。政策分析中所謂的選擇是基於既定的標準，其考量標準包括技術上的成本利益分析和政治上的可行

---

1 若想知道引言中所提觀點的更多相關討論，請參考本章後續部分。讀者也可以參考下列的資料。這些參考資料有更多相關討論，也反映出政策分析領域中的一般觀點。

2 Bardach, "Problem Solving," 6.

3 Kingdon, *Agenda, Alternatives and Public Policies*, 200.

性 [4] [5] [6]。方案被認為是透過借用、歷史借鏡、轉換，或知識累積、實驗、模型、腦力激盪和成本利益分析的結果 [7] [8] [9]。

　　分析家必須把選擇方案之後會遭遇到的價值干預、規範和行為納入考量。顧客和受眾合作是使雙方在彼此價值系統上達到共識的一個方法。一個合理的假設是，在建立了溝通系統後，從定義問題開始，到準則的建立與模型使用上的共識，直到方案選擇的階段，分析家會瞭解顧客或相關利益團體所抱持的價值觀與規範。事實上，到了這個階段，這些價值觀與規範，可能早已影響了問題的界定，而且早在選擇任何方案之前，政策方案的選擇標準以及優先順序，可能早就已經被決定了。所以，即使政策分析中各階段皆具有明確的目標，且經常以線性方式呈現，而事實上方案的確認過程是不斷重複的，且可能會經由對背景的持續陳述，而造成對問題的重新定義 [10]。

　　方案的範圍，從現況 [11] 的漸進修改 [12] [13] 到具有創見的建議皆屬之。創造力與技能，有助於方案在既定的條件下，儘量地解決問題。在此，創造力指涉的是，發現別人尚未預想的解決方法，而技術則意

4　Webber, "Analyzing political feasibility," 14, 4:545-553.

5　Meltsner, "Political feasibility," 32, 6: 859-867.

6　May, "Politics and policy analysis," 101, 1: 109-125.

7　Neustadt and May, *Thinking in Time*, 1-129.

8　Rose, "What is lesson drawing?," 190:2-39.

9　Weimer, "The craft of policy design," 11, 3/4: 370-387.

10　Elmore, "Backward Mapping: Policy Decision."

11　Patton and Sawicki, *Basic Methods*, 235-237.

12　Lindblom, C E. The science of mudding through. *Public Administration Review*, 1959;19: 79-88.

13　Wildavsky, Aaron B. *The Politics of The Budgetary Process*. 4th ed. Boston: Little, Brown & Co., 1984.

味著知識的融合與轉換、溝通及善用政治機會 [14] [15] [16] [17] [18]。本章呈現了許多有關選擇方案的操作化考量以及衡量標準，包括解決方法的類型、變項和尺度的檢測、成本分析、借用和歷史比較，最後強調行政和政治可行性，是其基本的重要前提。

方案的產生：一般的考量因素

在分析過程中，記得要在目標與方案的修改上具有彈性。應採用反覆的途徑。

根據 Byrk 的說法，政策分析其實是一種吸引大眾參與政策辯論的工具。透過這個工具，可以拓展眾人的視野，並且激勵大家明白解決方案比現狀更為合理 [19]。依據這個觀點，要衡量政策分析是否成功，可以透過政策分析引發大眾對於特定政策目標與方案的討論和爭議程度而定。這種衡量標準與我們習慣的專業標準，即「做正確無誤的分析」相差甚遠。甚至，討論與評估已受支持的方案，以及重新修正問題的界定，皆可能會引發大眾的興趣，並動員大眾支持原先所提

---

14 Weimer and Vining, *Policy Analysis*.

15 MacRae, Duncan Jr. and Wilde, James A. "Political Feasibility: Enactment and Implementation" in *Policy Analysis*.

16 Meltsner, *Rules for Rulers*.

17 Brightman, *Problem Solving*, 132-137.

18 Kingdon, *Agenda, Alternatives and Public Policies*.

19 Byrk, O. On the Political Economy of Systems Analysis. Extension of seminar notes presented at Wayne State University; 1968 October 1; Detroit, Michigan, 6.

出的計畫 [20] [21] [22] 。

　　當然，這也就表示，分析家不能一開始就打定主意要生產一個不可改變的作品，也不能自限於所謂驕傲權威的專家觀點，進而認為「你不能改變我完美的目標」，這種做法是非常不恰當的 [23]。要避免這種缺陷的方法就是「借鏡」，也就是在尋求方案時，從有類似問題的情境中搜尋，然後由下而上地描繪最佳的計畫 [24] [25] [26] [27] [28]。

　　當分析家釐清需要解決的問題時，就應該在尋找解決方法的過程中借鏡歷史，就如同歷史學家從過去的經驗尋找教訓、經濟學者用組織經濟學和架構模型以獲得推論架構一樣 [29] [30]。分析者應該把「歷史」視為可以用來描繪與借用類比的資源。歷史可能包括「過去發生的任何記綠到今日頭條」 [31]，而歷史教訓不僅可以來自不同的背景環境，不論是城市或州，也可以來自相同組織過去的歷史 [32]。

20　Weiss, "The powers of problem definition," 22: 97-121.

21　Fischer, Frank. "Policy Discourse and Think Tanks." In *The Argumentative Turn in Policy Analysis and Planning*, Frank Fischer and John Forster, eds. London: UCL Press, 1993, 36.

22　Kingdon, *Agenda, Alternatives and Public Policies*.

23　Byrk, "On the Political Economy of Systems Analysis," 6.

24　Weimer, "The current state of the design craft," 53, 2:111.

25　May, "Hints for crafting alternative policies."

26　Stokey and Zeckhauser, *A Primer for Policy Analysis*.

27　Schneider A, Ingram H. Systematically pinching ideas: a comparative approach to policy design. *Journal of Public Policy*, 1988; 61-80.

28　Elmore, Richard F. "Forward and Backward Mapping: Reversible logic." In *Policy Implementation in Federal and Unitary Systems*, Kenneth, Hanf and Theo AJ. Toonen, ed. Boston: Martinus Nijhoff Publishing, 1985.

29　Ibid., xii.

30　Weimer, "Claiming races," 25, 2:149.

31　Neustadt and May, *Thinking in Time*, xii.

32　Rose, "What is lesson drawing?," 190:7.

　　在當代，溝通系統、組織間與國家間的互動和互賴，都增加了汲取教訓和借鏡的影響力。公共政策的概念，其範圍從健康照護到凱因斯政治體系與生態學，都是透過正式或非正式的手段跨越了科際界線[33]。

　　對分析家來說，很重要的是要瞭解，所謂的汲取教訓並非直接採用歷史中出現的政策或方案。「複製」只是眾多汲取教訓方法中的一種。更高層級的解決方法為「仿效並超越」，也就是先將政策方案經過編修以適應不同情境之後，再予以採用；而「混用」則是試圖結合來源不同的政策因素。「整合」是將兩處以上的成分結合並付諸實行，而「啟發」則是指在別處使用過的政策或計畫所引發智慧的想法，但不複製該政策或政策特質[34]。歷史途徑中亦指涉，應先對他人行動進行判斷，才能適度地汲取教訓。換言之，做決定時要考慮到政策在不同的環境與時空條件下移轉的可行性。從他處獲得技術上可行的解決方法，並不能保證其在他處存有政治有效性。有時候，當分析家瞭解其所提的方案可能造成的衝擊時，他們可能會等待議程的轉換，或是主要行政官員或政權的改變[35][36][37][38][39]。

33　Rose, "Forms of comparative analysis," 188:23.

34　Rose, "What is lesson drawing?," 190:28-29.

35　Weimer, "The current state of design craft," 53, 2: 110-120.

36　Cochran and Malone 1995 認為，政策議程包含了系統議程與制度議程。前者指的是議題受到大眾的注意，因而得到政治社群的關注，後者則指涉議題已經受到政策制定者的接受與支持。Cochran and Malone, *Public Police Perspectives*.

37　Robert Hoppe 把議程設定視為政策制定中的次級過程。Hoppe, Robert "Political Judgment and the Policy Cycle: The Case of Ethnicity Policy Arguments in the Netherlands." In *The Argumentative Turn in Policy Analysis and Planning*, Frank Fischer and John Forester, eds. London: UCL Press,1993, 96.

38　Kingdon, Agenda, *Alternatives and Public Policies*.

39　See also Cobb, Roger W and Elder, Charles D. *Participation in American Politics: The dynamics of Agenda Building*, 2nd ed. Baltimore: John Hopkins Univ. Press, 1983, 85.

要有創造力，但記得停下來考慮問題的特質和決策環境能否接受[40][41][42]。

在大部分的案例中，分析家都傾向於從現有環境中找尋方案，無論是透過借鏡或透過接受和改編類似情境。很少有分析家會想要重新創造或發明一個完全新的解決方案。其中一個原因是分析家相信，選擇都是現存的，並且等待他們的搜尋及發現。下列三個不同研究是有關產生方案的過程：美國的越南政策、威斯康辛大學預算削減，及選定第三倫敦機場位置的議題。Alexander 認為，創造的過程混合了發明與發現，其混合的比例會因問題特質與決策環境的不同而有所差別[43]。同樣的，Kingdon[44]認為，創新的政策方案是為數有限的政策社群所發展的新項目，其應該被設計成為能夠在政治體系中吸引注意力並得到支持的方案。

分析家被鼓勵去接觸兩種創新的主要來源：制度選擇與操控政治情境，並詢問何種方法可以改變相關的誘因系統與規則，以減少不受歡迎的行為並誘發受歡迎的行為[45][46]。

瞭解制度層級、誘因與規則是在三種不同的環境中運作：市場、組織和政治場域[47]。

---

40 Alexander, ER. The design of alternatives in organizational context: A pilot study. *Administrative Science Quarterly*, 1979; 42, 3: 382-404.

41 May, "Hints for crafting alternative policies," 7, 2: 227-244.

42 Osborn, Alex F. *Your Creative Power: How to Use Imagination*. New York: Scribner's, 1949 (1963).

43 Alexander, "The design of alternatives," 3: 382-404.

44 Kingdon, *Agenda, Alternatives and Public Policies*.

45 Weimer, "The craft of policy design," 11, 3/4: 370-387.

46 Weimer, "Claiming races," 25, 2:135.

47 Ibid., 135.

Weimer 提到很多制度選擇層面的創新實例。舉例來說，州政府可以承諾從消費者手上收購飲料空瓶，來賦予飲料空瓶經濟市場價值。因此，消費者就會對於販售飲料空瓶感興趣，而遊民也會基於相同理由而蒐集飲料空瓶，這也就解決了環境髒亂的問題[48]。Vinning和 Schwindt 也以市場取向途徑，提出關於器官移植的政策方案[49]。他們所提出的一個方案就是：假設父母同意在其嬰兒死亡的時候捐贈嬰兒的器官，那麼未出生待器官移植的嬰兒則有優先權。

在組織層級中，誘因與規則可以被用來委派責任與權威，以增加個人在系統中或改變機關內優先順序的影響力[50]。如 Biller 所舉的例子，若專案經理願意把年度預算剩餘歸還給中央財政機關，那麼就可以同意他們保留一定比例的預算剩餘[51]。

創新計畫或政策規定可以促使議題進入政治議程，或將之排除在外。舉例來說，控制議程的人有較多的機會，可將他們的方案排入議程中[52][53]。他們所使用的議程設定策略包括設定日落條款，也就是設定方案的終止時間[54]；或「成功門檻」，也就是門檻沒有達到的話，就必須引進正式的外部評估[55]。Leslie Pal 將受到注意與擁有優先權兩

48 Bardach, E. Gibbs C, Marseille E. The buy-back strategy: An alternative to container deposit legislation. *Resource, Recovery and Conservation*, 1978; 3:151-164.

49 Schwindt R, and Vining AR. Proposal for a future delivery market for transplant organs. *Journal of Health Politics, Policy and Law*, 1986; 11, 3: 483-500.

50 Bardach, Eugene and Kagan, Robert A. *Goimg by The Book: The Problem of Regulatory Unreasonableness*. Philadelphia: Temple University Press, 1982, 223-234.

51 Biller RP. On tolerating policy and organizational termination: some design considerations. *Policy Sciences*, 1976; 7, 2:133-149.

52 Weimer, "Claiming races," 25, 2:144.

53 Kingdon, *Agenda, Alternatives and Public Policies*.

54 Behn RD. How to terminate a public policy: A dozen hints for the would be terminator. *Policy Analysis*, 1978; 4, 3: 393-413.

55 Brewer, GD. Termination: Hard choices—harder questions. *Public Administration Review*, 1978; 38, 4: 338-344.

個議題予以區別，他以兒童照顧政策為例，這種政策即使沒有得到太多的注意，而且相對於其他事件而言，也不具有優先地位，但是它卻在行政層級中持續地進行。換言之，結構壓力，例如根植於歷史中的條件、政治與經濟、制度過程(如選舉)，以及一些不可預測的事件，或是影響系統的外部變數，都可能會改變議程。

操控政治情境的層級，要知道創造力意指創造嶄新的政治機會[56]。

　　Riker 指出三種不同的策略：控制議程、策略性投票和選擇面向的操控，都可以用來增進效能[57][58]。這個途徑的誘因和規則與由下而上的途徑具有同樣的影響力，但此途徑不把注意力放在問題與決策者之間的關係上，而是著重在改變、創造組織規範和互動關係的可能性[59]。

　　Weimer 舉例來說明議程控制：美國貿易代表努力幫助農業貿易策略的改革，建議以「關稅化」為策略來克服比較國家政策的困難。其他如美國關閉基地法就是一個議程控制的最好例證[60][61][62]。

---

56 Weimer, "Claiming races," 25, 2:134-159.

57 Riker, William H. *The Art of Political Manipulation*. New Haven, Conn: Yale University Press, 1986.

58 Paine S C. Persuasion, manipulation, and dimension. *Journal of Politics*, 1989; 51: 36-49.

59 Weimer, "The craft of policy design," 11, 3/4: 376.

60 Ibid., 383-385.

61 有關此案例的成功因素與相關討論，請參考 Behn RD, Lambert DP. Cut-back Management at the Pentagon: The Closing of Military Bases. Paper Presented at the Annual Research Conference of the Association for Public Policy Analysis and Management; 1979; Chicago.

62 有關此案例之政治可行性的討論，請參考本章行政可行性的部分。

使政策方案盡量地具體化[63]。

很明顯的，這個建議主要是侷限在目標的形成階段，雖然在剛開始時目標會比較廣泛，但是這個建議的主要目的是避免讓分析變得太過不成熟。

在規劃方案的階段，分析家應該確定政策方案的詳細內容。除非採用這個途徑，否則無法用標準來評判方案，或預測可能的影響。此外，只有藉此才能讓分析家開始預想顧客在分析後的執行階段可能會遇到的問題。

當被要求尋求方案來解決問題時，應該退一步考量引起大眾關心的普遍價值[64][65]。

這個途徑可以幫助我們避免以人為的觀點去看問題，以及不因過度專注於達成政策目標，而使方案變得過度狹窄。請注意分析家的問題界定決定了方案的可行性。

在此舉例說明大眾對於幫助經濟弱勢美國人的福利政策所擔憂的部分。如果不去檢測大眾的擔憂背後所代表的價值，我們可能會直接建議增加食物券、房屋，以及其他多種非現金形式的補貼給予窮人。然而，假如大眾所關心的價值，是相對於非窮人的窮人普遍福利，則

---

63 這個觀點的討論是由 David Weimer 引發的。

64 MacRae and Wilde, *Policy Analysis*, 18.

65 有關價值對政策分析之影響，請參考：Patton and Sawick, *Basic Methods*, 301-302;
   Kingdon, *Agenda, Alternatives and Public Policies*, 200-201;
   Webber, "Analyzing political feasibility," 14, 4:545-553;
   May, "Politics and policy analysis," 101, 1: 109-125;
   Meltsner, "Political feasibility," 32, 6: 859-867; and
   Meltsner, *Rules for Rulers*.

分析家可能會建議直接發放現金津貼給窮人，讓他們可以去購買他們認為最需要的物品，而這樣就可以使同樣的公共支出產生更多的社會福利[66]。

要充分瞭解方案的預測結果[67]。

為了要讓分析盡可能地完整，你應該考慮每個方案的重要意涵。這是基本的要點，卻也是最難實現的。

利用兩階段的預測過程，儘量提出影響產生的預測。第一個步驟，使用腦力激盪 (brainstorm)。運用你對於問題的理解力、方案的建構及常識，以列出所有方案的可能意涵。其次，運用事前設定的標準，然後試圖預測每個方案的可能影響。第二個步驟通常是建構方案／評判標準的矩陣，事實證明，這對於確定重要的利弊得失相當有幫助[68]。一個矩陣除了可以將問題的本質簡化為一個圖形，還能幫助組織降低混亂複雜的情況。甚至，建構此矩陣圖的過程，經常能洞悉出示範性分析與令人滿意分析二者間的不同。

舉例來說，成本利益分析的第一步驟 (通常也是最不可靠的步驟)，就是確認或預測特定計畫的成本與利益產生的所有影響[69]。當然，如果無法預測成本，則會膨脹方案成本的價值；但若無法預測重要的利益，則會使方案顯得缺乏吸引力。因此所有不論是正面負面的影響都要包含在分析內。另一方面，分析家應該瞭解，在呈現每個方案成本資料時，往往會不夠完整。比方說，有時候針對總成本中的微

66　MacRae and Wilde, *Policy Analysis*, 56.

67　Weimer and Vining, *Policy Analysis*, 205.

68　本段有一部分也出現在本書第二章有關模型建構的討論中。

69　Weimer and Vining, *Policy Analysis*, 147.

小細節，提供令人印象深刻的良好預測，但事實上只是提供了一個看似完整的錯覺。在其他例子中，成本分析家主張他們努力聚焦於展現估算成本的能力，但是這些所呈現出來的可能只是很容易衡量的成本面向，像是總成本。要知道，你可能正在誤導別人。

永遠儲備著方案，以至於當有需要的時候，永遠都有多一個方案可供備用。

每一天政府和政策分析家都要面對一堆排隊等待解決的難題。幸好，他們手邊有很多方案可以解決問題。然而，不幸的是，問題與解決方法之間很少有完美的契合。不過，打起精神來，就像 David Weimer 和 Aidan Vining 說的：「政策問題很少有完美的解決方法，但政策間還是有好壞之分[70]。」有時你會擁有自由盡情地尋找最佳方案，甚至還會面臨事先早已安排好的方案選擇清單。舉例來說，當被要求比較兒童照顧的保障計畫選項間的優劣時，你要如何提出稅額抵免方案來代替？雖然漸進主義是政府日常運作的真實面向，但企業主義也是如此。當你愈熟悉解決問題方案，你就會準備得愈好，也愈會利用那些機會[71][72][73]。

一個有經驗的分析家應該先確認問題，以及相關的方案，然後等待適當的時機推銷它們[74][75]。Kingdon 強調，當機會出現時，手邊

---

70 Ibid., 124.

71 Levine and Sanger, *Making Government Work*, 269.

72 Weimer and Vining, *Policy Analysis*, 124.

73 See also Kingdon, *Agenda, Alternatives and Public Policies*, 179-204; and "Bureaucratic Entrepreneurs: A Bias Toward Action" and "Cultivating Bureaucratic Entrepreneurs: Lessons for Sucess" in Levine and Sanger, *Making Government Work*.

74 Patton and Sawicki, *Basic Methods*, 229.

75 MacRae and Wilde, *Policy Analysis*, 97.

隨時都要有方案，其好處在於不管是因為問題窗、政治窗或因在議程裡，你提案的時機都是成熟的。而且，這些機會通常稍縱即逝，一旦來臨時，分析家不可能有時間進行調查，然後再尋找適合的方案，除非他手邊已經隨時準備好了 [76] [77] [78]。

解決方法的類型

對以下幾個選項嚴肅看待：現存的政策提案、一般提案、漸進的政策解決方法，和客製化的方案[79]。

有時候最好的解決方法就是維持現狀。換言之，回頭檢視那些發生的問題和各樣的解決方法之後，可能會發現最好的解決方法就是讓事情維持原樣。相對於投資在尋找新的解決方法上所使用的時間，分析家應該投資相同的時間在不作為與新創的解決方法上 [80] [81] [82] [83]。不僅如此，分析家應該知道「排斥搜尋、把選項除外和壓抑基本問

---

76 Kingdon, *Agenda, Alternatives and Public Policies*, 196-208.

77 Ibid., 165-172.

78 May, "Politics and policy analysis," 101, 1: 117.

79 Weimer and Vining, *Policy Analysis*, 201-202.

80 Ibid., 201.

81 Patton and Sawicki, *Basic Methods*, 235-237.

82 類似的過程又被稱為「反向追溯」(backward mapping)，請參考 Elmore, "Backward Mapping: Policy Decisions," 18-35.

83 Helling, A., Matichich, M. and Sawicki, D. The no action alternative: A tool for comprehensive planning and policy analysis. *Environmental Impact Assessment Review*, 1982; 2,2: 141-158.

題」，是漸進途徑所不欲見的結果 [84]。

　　Charles Lindblom [85] [86]、Wildavsky [87]、Etzioni [88]、Kingdon [89]、Cochran 和 Malone [90]、Lynn [91] 和其他學者主張漸進途徑。漸進主義主張政策只會做邊緣性的改變，尤其當人們或組織不想採取大改變的時候，分析家更應該把漸進主義視為一種合適的提案。組織通常不願意做改變，政治和公共政策最常呈現出這個傾向：政策制定者喜歡針對現狀進行小幅改變 [92] [93]。主要的原因是，要認清這個建議意味著在微小的改變與修正中持續過去的政策。若提出的方案只做微小的、漸進的、邊緣性的調整，那麼這個方案比較可能會被採納。事實上，根據 Lynn 的說法，「適應環境……是一個重要創造性的構成成分」，它牽涉「解釋和再界定既存的限制和……創造朝向政府活動目標的新方案」 [94]。Wildavsky [95] [96] 用預算過程來強調這個觀點，在他的想法裡，預算過程就是如此。在真實的公共政策世界裡，整個預算很少被重新

84 Weimer, "The Current state of the design craft," 53, 2:112.

85 Lindblom, "The science of muddling through," 19: 79-88.

86 Lindblom Charles, E. "Still Mudding, Not Yet Through." *The Bureaucrat*. Mississippi State University, 1979.

87 Wildavsky, *The politics of The Budgetary Process*.

88 Etzioni, "Making policy for complex systems," 4, 3: 383-395.

89 Kingdon, *Agenda, Alternatives and Public Policies*,79-89.

90 Cochran and Malone, *Public Policy Perspective*, 52-53.

91 Lynn,, *Managing Public Policy*, 138.

92 Ibid., Chapter Five.

93 March, Jame G. and Simon, Herbert A. *Organizations*. New York: John Wiley and Sons, 1958.

94 Lynn,, *Managing Public Policy*, 139.

95 Wildavsky AB. A theory of the budgetary process. *American Political Science Review*, 1975; 69: 1354-1370.

96 Wildavsky, *The politics of The Budgetary Process*.

檢視，討論的重點卻都是圍繞在現行預算的適度增減，至於現行預算的基礎則很少被整體檢視。

若分析家能考慮一般性、非特定性的方案，就能幫助分析各種可能性，以至於未來可以從這些方案中進行分類與選擇[97][98][99]。這個途徑可以防止分析家忽略了可能的方案並增強創造力。再者，它也有助於分析家在「議價」階段時，能與顧客進行解決方法的協商。修正這些方案使其適應環境，也會是另一個解決問題的方法。

最後，分析家應該試圖想出一個原創的、獨特的客製化解決方法。舉例而言，Schwindt 和 Vining 曾提出，人們可以趁活著而且身體健康的時候，將可供移植的器官賣給政府，雖然這是很不尋常的方案，但是卻有其獨特性。這個提案應該會增加器官的供給並產生有效率的配置[100]。Levin 和 Sanger 在《Making Government Work》中所提出，開發創新才能的資源。他們結論是：成功的創新並不總是要求發明者擁有罕見的技能、天才的智力，或電光火石般的啟發[101]；他們通常取決於類似事情的結合與演化[102][103]。

97　Weimer, "The current state of the design craft," 53, 2:112.

98　MacRae and Wilde, Patton and Sawicki, Bardach 1992 認為，要開始分析方案的最佳途徑，就是透過一般途徑 (generic approach)，其可以增進創造力並提供廣泛的選擇。

99　Osborn 主張，「我們發掘愈多的方案，就愈可能發現我們正在尋找的……假如我們記下一個又一個的方案，這個過程就會使我們產生創造力，而每一個被我們記下的方案，都可能引出另一個方案……」Osborn, How to Use Imagination, 50-51.

100　Schwindt and Vining "Delivery market for transplant organs," 11, 3: 483-500.

101　Levine and Sanger, Making Government Work, 87.

102　Ibid., 145.

103　Polsby's Congressional Behavior, 1971, 7 and by Kingdon, Agenda, Alternatives and Public Policies, 142. 也持同樣的觀點。他們把這個過程視為重新整合的過程，也就是把舊的計畫從抽屜中抽出來，予以裁剪，把舊的想法重新整理以回應新的需求 (Kingdon, 142).

當提出方案時，必須對政策問題的解決方法有整體的瞭解。

ooPoo（小心！常犯重要錯誤）[104]

政治群眾已經太熟悉一些重大計畫了。譬如政府承諾做醫療改革或提案，以重整國內的數學和科學教育。May 稱之為「一次同時做所有事」的解決方法，而 Weimer 和 Vining 則稱作「廚房流理槽」方案，還為之引用了幾個應該避免這種做法的好理由。首先，很少有政策不會在各種有價值的目標中進行權衡。完成一個目標就不可能完全達到其他的目標。第二，同樣的，對一個政策來說，要完全顧及承諾而解決問題的每一個面向，幾乎是不可能的[105]。第三，這種想要同時解決所有問題的方案，通常不具可行性，也不容易讓人瞭解。所以，應該要從預算、行政和政治資源等面向來觀察顧客的限制，才能限制你的選擇並提出一個可行有效的解決方案[106]。

論及都市內貧民區的公立小學及初中愈來愈差的教育成果，一個廣泛的解決途徑，就是確保學生安全健康地到學校；保護他們不論是否在學校，都不受毒品及犯罪的誘惑；而且確保家長們支持他們小孩的學習。然而，很難有一個政策可以同時處理上述這些教育上的重要面向。

瞭解政策問題在實際上的限制，可能會對全面性的提案產生負面的影響，也會使我們自然而然地傾向採用漸進的解決方法。然而，漸進主義的本質相當明顯，它會抑制創新想法的產生。但是，瞭解限制性對於專家分析來說也是必要的，因為這層理解可以幫助我們將有限資源達到最好的效益。這提供了第三個理由以質疑全面性的提案：也

---

104 ooPoo 這個記號要提醒大家注意易犯的錯誤。

105 May, "Hints for crafting alternative policies," 7,2:234.

106 Weimer and Vining, *Policy Analysis*. 203.

就是高價標籤經常伴隨著他們 [107]。舉例來說，預算管理局 (OMB) 估計全面性的健康保險成本是 XX 兆，但是從財政與影響力的觀點來看，範圍比較小的政策似乎更具可行性。

避免建議存在已久的解決方法[108]。

存在已久的解決方法為政策分析家帶來兩個危險：第一，對問題來說，手邊這個解決方案可能不是很適合。舉例來說，在傳統觀點中，價格機制是一個有效的方法，可將污染降到最適當的水準，例如制訂每單位的課稅。然而，它適合處理有毒廢棄物的污染問題嗎？因此，在大部分的情況下很有效的價格機制解決法，在這裡可能不適用。課稅導致的價格上升可以降低市場需求，但是，其降低的程度卻不足以減少對環境與健康所帶來的威脅，以達到社會可以接受的水準 [109]。

第二，陳腔濫調的解決方法通常只能指出問題的徵狀而非根本原因 [110]。當然，任何政策方案從表面上看來，其本質與傳統的解決方法並無差別。而且，政策分析家的注意力往往會被問題的症狀所挑起。也正因為如此，解決方案中很有可能只注意到問題的症狀，而非最根本的問題成因。然而，傳統的解決方法並非針對目前面對的問題所設計，所以，這些解決方法通常無法深入特定問題的因果關係，而只能應付表面的症狀。

107　May, "Hints for crafting alternative policies," 7,2:234.

108　Ibid,7,2:231.

109　Ibid,231.

110　Ibid,231-232.

不要把無價值的選擇包含在政策方案的建構中[111][112]。

我們通常會把不實際或站不住腳的政策選擇，歸類為是錯誤或無價值的。這些選項可能因為政治或行政因素而無法實行。擇一來說，政策顧客可能因為缺乏資源而無法實行他所選擇的那個方案。還有，當一個方案在你所考慮的各個面向上，都無法優於其他方案，那麼就會被歸類為無價值的[113]。為什麼你會想花費寶貴的時間去建構一個方案，然後又摧毀它呢？其中一個原因可能是，無價值的方案是分析家用來充數的，因為他們相信必須要有一定數量的方案以提供選擇（三這個數字有時候被認為是個魔術數字！）。學生們常常發展出無價值的方案，因為他們相信遊戲的宗旨是要找到「對的」方案而不是揭示選擇。另一個你會屈服於這個引誘的原因是，你要讓另一個方案在經由比較之後看起來更好。

不管理由是什麼，留心這個勸告：如果你不注意一點，稻草人常常會著火，他們可能會把穀倉燒個精光。第一，像 Weimer 和 Vining 發現的：把無價值的方案當做真的來討論，只會損害你的可信度。顧客只想花費時間在真確的方案上，而且他們希望分析家在一開始就已經排除了錯誤的選項。顧客很可能會辨別出什麼是無價值的方案，然後認為你把無價值的方案囊括進來是不理智的。排除錯誤選項的另一個好理由是，它們會削弱你的分析。誠如前述，最好的分析是源於對最可用的選項進行概略與合理的調查。增加無價值的方案會混淆了分析家最應注意的利害權衡考量，而這會是用錯誤選項取代真正選項的必然後果。

---

111 Weimer and Vining, Policy Analysis. 19.

112 Patton and Sawicki, Basic Methods. 8.

113 我們視這種方案為「具有操縱性的方案」(dominated alternatives)。

想要避免自己潛意識地引用無價值方案的檢查方法，就是在分析的一開始就尋找偏見指標。你可能會找出致使你在分析之前就接受或否定一個特定方案的微妙徵兆 [114]。

排除所有劣於其他選項的方案[115]。

在個體經濟學的語言裡，一系列有效率的政策方案，都能落實於生產可能曲線 (PPF) 上，亦即當系統的資源沒有任何浪費與缺乏的情況下，資源或目標之間經由取捨而產生的曲線。用這種抽象概念的理論，來制定具體政策決策是很重要的：放棄那些無法在有限的資源下給你全部的方案，也就是說，放棄那些比其他選項為劣的方案 [116] [117]。

這個建議：選擇落實於生產可能曲線的方案，並不能幫助你從數個選項中擇定方案。生產可能曲線只是告知可能可以生產出什麼，並不能告訴你哪一個是比較好的選擇。要做到後者，需要用評估標準來協助你針對不同的政策方案進行加權。

再者，排除劣等方案的原則，有時候是很虛幻不實的。或許，在只牽涉少數因素的簡單模式背景下，這個原則較容易遵守。但是，

---

114 Leslie Pal 用一個正面的名詞「催化選擇」，當作是使用劣等選擇之正面理由的同義字，也就是把「催化選擇」包含在方案的名單中，可能會幫助顧客思考問題，並瞭解最想要的選擇是什麼。雖然，他強調在某些既定的資源與利益之下，這可能並不真實。

115 Stokey and Zeckhauser, *A Primer for policy Analysis*, 25.

116 也就是說，其他的選擇在任何面向上都較優。

117 然而，我們仍舊允許一種在任何面向都處於劣勢的選擇存在，因為這種選擇可能在小中取大的前提之下，是一個具有妥協性的選擇。也就是說，為了避免最糟的狀況出現，我們採取的方式是類似博奕理論中的大中取小原則。我們預估每一種方案可能產生的最糟結果，在從中找出最好的選擇。In Weimer and Vining, *Policy Analysis*, 211.

當你的評估標準跨越許多面向時，就很難做到了。事實上，除非你實際去執行這個分析結果，否則永遠無法知道，哪些方案劣於其他方案[118]。

選擇方案：考慮變項

> 設計可行政策方案的第一階段，就是確認與問題的一個或數個面向相關的因素[119]。

這些因素或變項，就是影響政策運作的關鍵點，以及組成政策的工具。它們可以被視為是建構方案時的基本要素。這些變項在定義及陳述政策問題時就已經釐清了。

May 以公共健康保險計畫的設計為例，使此概念可以更清楚地呈現。在這項計畫中，關鍵的政策變項包含：自付額與減免金額、融資的選擇 (薪資稅、一般的稅收、或其他方案)、最低保險給付、行政 (地方、州、聯邦)、賠補償機制 (服務費、按照診斷支付或者按照人頭支付)[120]。

一個問題的陳述，例如：「在洛杉磯有太多無家可歸的人了。」這樣的陳述已經包含了必須被囊括在方案中的變數。其次，每個變項都要定義清楚，例如，所謂的「太多」是什麼意思？所謂的「無家可歸的人」是哪些人？以及這個陳述是指洛杉磯中的哪一區？

---

118 相關討論是由 David Weimer 提出的。

119 May, "Hints for crafting alternative policies," 7, 2: 236.

120 Ibid., 236.

正視問題的因果關係，是開始釐清政策變數的最佳方法。

以我們的健康保險為例，我們知道超過三分之二的未保險人都是受雇者，而且有很多是受雇於員工人數少於 50 人的公司，有鑑於此，分析家找出的各種變數，就是要鼓勵或強迫那些不提供員工健康保險的企業能夠提供健康保險。

例如，我們可針對小型企業設立一項薪資稅或者提供一些補貼，使他們能夠支應高於大型公司的保險費用或行政成本。但在此必須注意的是，我們已經進入方案內部變項的範圍之中。

限制政策備選方案的數量[121 122 123 124]。

這個主要原因在於，政策制訂者與政策分析家會限制他們所能評價的變項數量，並且如果方案太多時，就會很快地遇到認知能力的極限[125]。你應該徵求「政策流」以及特殊領域的專家協助你縮小方案的範圍[126]。

你對變項的選擇可能受到了專家意見的影響而產生偏見。

---

121 Patton and Sawicki, *Basic Methods*, 229.

122 May, "Hints for crafting alternative policies." 7, 2: 242-243.

123 Meltsner, *Policy analysis in the Bureaucracy*, 135.

124 Brighrman, *Problem Solving*, 136.

125 May, "Hints for crafting alternative policies." 7, 2: 242-243.

126 Kingdon, *Agenda, Alternatives and Public Policies*, 200, 討論「政策流」對方案產生的影響。他認為這個過程是一個選擇的過程，與生態環境中的物競天擇一樣，其選擇的標準包括公眾的接受度、預算的限制等等。再者，他認為方案、計畫，以及解決方法是在專業社群中所產生的，這個社群包括學術研究者、顧問、官員、國會成員及分析家，他們就形同利益團體一樣。

他們可能是大學教師、研究人員、官員、顧問、國會幕僚、機關代表、記者或其他分析家。他們來自各種受過特殊訓練的領域，所以他們的參與也相對會有盲點，而他們潛在的影響力也是一樣。當這些來自各方的想法集合在一起時，可能會縮小、擴大，或偏移你對於問題的觀點，並且影響你對方案的釐清確認 [127] [128]。

方案的選擇：使用標準 [129]

為所有方案提供相同的評價標準[130] [131]。

一個好的分析產品，其價值在於利用一套有系統的評價標準，去衡量方案。一旦確認了問題的定義和組成變項之後，為了能比較方案與解決方案，就必須確立相關的評價標準。但是，如果分析者試圖在分析過程的最後階段中，將方案反過來迎合已確立的標準，或是對某一個方案給予特殊待遇，那麼設立評價標準的優點就會消失。例如，因為政策分析的期限即將到期，所以只好趕快選出一個看似符合各項標準的方案。

避免建議未經探索的選擇。

如果一個方案沒有經過評價標準的衡量，或是經過嚴苛的批評，

---

127 Ibid., 200 and 70.

128 Bardach, "Gathering data," 2: 117-144.

129 評估標準的使用也曾在第二章中討論過。

130 Stokey and Zeckhauser. *A primer for policy Analysis*, 212.

131 Patton and Sawicki, *Basic Methods*, 228.

就沒有任何可以提供這個方案的基礎。如果無法遵守這個原則，那麼面臨的風險就是，我們所提出的方案，將無法通過進一步的衡量而得到支持 [132]。

要非常清楚你的分析中，利弊得失之間的取捨。典型的政策中，所謂利弊得失的取捨，就是要達成一個目標的同時，需要犧牲另一個目標[133]。

　　分析家之所以要用評估標準來衡量政策方案，主要的用意就是要強調政策目標之間，以及根本價值之間隱含利弊得失的取捨。當你的分析到達這個階段，請先問自己下列幾項問題：每一個方案會在哪個面向上勝過其他方案，而因此比較可能達到什麼目標？由於沒有任何一個方案能夠在你所設立的評估標準上完全贏過其他方案，所以你在各方案之間利弊得失的取捨能力，就成了決定分析優劣的重要因素。當你認為某些評估標準應該特別予以重視時，這個比較的過程就會變得更加複雜。

　　針對這個原則，在此想提出一個有用的建議，就是應揚棄沒有包含精細比較的決策原則。當評估標準的數量增加時，比較選擇的複雜性也會隨之增加。為了要簡化這項工作，我們可以賦予每一個標準不同的權重，並且根據不同的選擇給予相對的分數，例如以「元」($)作為給分的工具。然而，這種做法有下列兩種危險。第一，決策規則如「選擇分數最高的方案」，會容易混淆了這個分數之中所隱含的價值權衡取捨。第二，這種決策規則的有效性，取決於對標準的加權，

132　Weimer and Vining, *Policy Analysis*, 211.

133　Ibid., 211.

而加權的過程，在某種程度上可能又會過於武斷[134]。但這並不意味著我們應該避免這個原則所建議的量化比較，相反地，要學習的是，避免利用計分的過程來取代詳細的 (卻可能更加混亂的) 權衡解釋。

當你必須在相互獨立的方案間作決定時，或是當你的選擇受資源條件的限制時，請不要用成本/利益分析的比例作為決定的標準[135][136]。

　　成本 / 利益的比例指的是，一個計畫預期的利益與此計畫預期成本的比值[137]。當我們要評估一個方案時，若該計畫的利益 / 成本之比例大於 1，亦即這個計畫的淨利益是正的，才能接受這個計畫。但是若決策的過程當中，有過多的方案相互競爭，或是預算等資源受到限制時，這樣的決策法則可能使你更加迷惑。

設立評估標準以評估政策目標中所有的重要面向[138][139]。

　　採取此建議的分析家，將必須在完整的評估標準模型與簡要模型之間做一取捨。完整模型的價值非常明顯，也就是囊括了內化政策目標的所有重要面向。簡要的模型好處在於容易管理，變數愈少，愈容易控制與分析。

　　然而，如果無法遵守這個原則，將容易產生使人誤解的評估結果，誤以為該方案可以達到某些特定的政策目標。根據這樣的觀點，

134　Ibid., 211

135　Stokey and Zeckhauser, *A primer for Policy Analysis*, 146.

136　這個議題在第二章中有深入討論，由於這個議題對於方案的選擇很重要，所以在本章又討論了一次。

137　這不能與淨利／初始成本比例混淆，因為淨利／初始成本比例只用於排列優先順序上。

138　這個觀點也在政策分析的模型建構一章中討論過。

139　Weimer and Vining, *Policy Analysis*, 191

Weimer 和 Vining 引用美國在越戰的經驗為例。Weimer 和 Vining 認為，許多標準都可能可以用來評估美國這場戰爭的勝利與否，但是，若只著重單一的評估標準，也就是死亡人數，那麼將導致我們對於戰爭是否會勝利產生不正確的衡量[140]。

為了要決定評估的標準，分析家應該尋找評斷各種系統效能的評估方式。他應該在眾多的方案當中挑選出一個系統來，該系統必須在既定的成本下具有最大的效率，或者是在固定的效率下只花費最小的成本，並且根據系統的每一個成效給予效率的評估標準[141]。

記得把成本、合法的風險、簡單、彈性、危險性、不易破壞性、可逆性、強度、績效、協調性和可傳遞性，作為你在選擇方案時的關鍵標準[142][143][144]。

這些主要標準的特性應是確實可行的。事實上，分析家在提出這些推斷時，必須自我提問以下幾個問題：第一，你所提出的方案在財政上是否負擔得起、是否符合成本效益。第二，要確定它不違反憲法或者是各種法定的權利，如果這個提案有迫切的需要性時，那麼應該充分地利用模稜兩可的字句帶過[145]。第三，查明此方案是否容易實現，如果是的話，瞭解其是否可以滿足更多的政策意圖。

危險性、不易破壞性和可逆性可測試方案的限度，以瞭解該方案

---

140 Ibid., 191

141 Blumstein, "The Choice of Analytic Techniques," 33-43.

142 Walker, Warren E. "Generating and Screening Alternatives." In *Handbook of Systems Analysis: Craft Issues and Procedural Choices*, ed. Hugh J. Miser and Edward S. Quade, Chichester, Eng: Wiley, 1988: 221-222.

143 Patton and Sawicki, Basic Methods, 230-231.

144 Bardach, "Problem Solving," 6-11. See also Bardach, *Policy Analysis*.

145 Ibid., 11.

失敗的機會是高還是低，且當部分的解決辦法失靈或甚至是所有的解決方案都失敗時，它是否有可能回復到政策失靈前的狀況。對一個方案的強度評估，指的是測量方案在不同的環境中是否能成功、替選方案在面臨困難的執行過程時，是否能夠具有解決問題以維持生存的能力，例如，即使在執行的過程中相當困難，其最後的結果是否能讓人滿意？

再者，你的方案應該經得起其他標準的檢驗，例如規範或可被接受的過程，並且應該具有表面價值，也就是說，必須可以提供解決問題的方法，同時應該容易被你的受眾所理解。

在各種評估標準間進行加權[146]。

根據 Bradach 的看法，有兩個途徑與此議題相關，即是允許現行政府和政治程序來進行加權，或是由你自己來加權。前者就是由最高領導者賦予顧客與受眾價值與利益，而後者則是由分析家來詮釋與修改顧客的哲學與政治觀點。由於分析家並不是一個受益人，所以他能用較客觀的態度來分析問題，並且對於方案予以加權。進而使一些無法被呈現的聲音，或是效率及公平的議題都能夠突顯出來。

另一方面，藉著評估及給予權重的方式，開啟了客戶、對議題有興趣的受眾，及分析家三者間的溝通，同時透過政策分析家的工作，使他們重新思考那些受到爭論的議題。政策分析家應該負起開啟這些對話的責任，吸納他的顧客與其他利害關係人進入這個對話中，

146　Bardach, "Problem Solving," 10.

以逐漸傳遞他的論據 [147] [148]。不過，他也應該「允許被政治過程接管」[149]。

結合具有同樣單位的評估標準[150] [151]。

為了確保簡單分析模型的好處，分析家應該要結合可通用的評估標準。例如把很多衡量單位相等的變數集合成單一變數，像是通勤時數或是聯邦稅額 [152]。

但是，這個做法有一個危險：雖然有些目標使用同一種單位，但是並不表示它們可以直接做比較 [153]。例如，把所有以錢為單位的成本，集合成一個單一的類別，可能會出現問題。因為從政府的角度來看，因稅收的短少所產生的成本，可能比工業界所產生相同數量的成本看來更為嚴重。

同樣的問題也出現在結合以金錢為單位的利益上。在大多數實例當中，誰得到利益，在方案的分析上是很重要的。例如，紐約市一項由政府補助而私人開發的住屋計畫，可能會認為減少低收入租賃者的租金遠比住屋計畫開發者的利潤還要重要，雖然這兩種利益都是這個計畫執行之後可以得到的好處，而且兩者也都是以金錢為單位。

---

147 Weiss, Carol "The Many Meanings of Research Utilization." In *Program Evaluation: Patterns and Directions*. Eleanor Chelimsky, ed. Washington. DC: APSA, 1985, 203-213.

148 Palumbo, DJ "Politics and Evaluation." In *The Politics of Program Evaluation*, Dennis J. Palumbo, ed. Newburry Park, CA: Sage, 1987, 12-46.

149 Bardach, "Problem Solving," 11.

150 這個觀點也在第二章討論過，因為其與方案的選擇過程有關，所以在此章又討論了一次。

151 Weimer and Vining, *Policy Analysis*, 203.

152 Ibid., 206.

153 Ibid., 209.

方案選擇時的成本分析

不要低估瞭解政策方案成本的重要性[154] [155] [156] [157] [158]。

在本文中，成本意指為了進行一個方案所必須使用的資源。分析家必須注意到，很多嚴重的困難起因於完全忽略成本計算，或是對於某些成本計算上的疏失。例如，只看到部分的成本、無法將不同的成本面向與分析作結合、沒有加總一個特殊方案的成本。在許多案例當中，政策分析家可能因為一個非常重要的目標，而陷入了摒棄成本的兩難問題，或者只考慮部分的成本，或乾脆不考慮那些長期的成本與無法輕易貨幣化的成本。

下列的建議將會加強這個議題的討論。

當我們要呈現成本利益分析的資料時，應該要考慮到資料的完整性[159]。特別是當我們使用市場價格來評估替選方案的收益與成本時，更應該抱持著機警的態度[160]。

效益和成本通常是以「元」來呈現，這是一個讓所有政策影響可以化約而成的共通單位。利用通用的公制來衡量所有的政策影響，是

---

154 International Institute for Applied System Analysis. *Beware the Pitfalls*, 12.

155 Apgar, William C. and Brown, James H., *Microeconomics in Public Policy*. Glenview, H: Scott, Foresman, 1987, 4.

156 Friedman, Lee S. *Microeconomic Policy Analysis*. NY: McGraw Hill, 1984.

157 Bickner, Robert E., "Pitfalls in the Analysis of Costs." In Majone, G. and Quade, EG. *Pitfalls of Analysis*, New York:Wiley, 1980, 57-58.

158 Ibid., 57.

159 International Institute for Applied System Analysis. *Beware the Pitfalls*, 12.

160 Stokey and Zeckhauser, *A Primer for Policy Analysis*, 149.

成本利益分析的關鍵，因為它允許分析家為每一個在考慮中的方案，計算出一個淨利的數字，而最常見的方法就是利用市場價格來計算政策影響的價值。

不過，這樣的方法並非一直是恰當的。當政策計畫過於龐大時，它很可能會改變相對的市場價格。例如 Stokey 和 Zeckhauser 所引用的一個例子便指出，一個位於偏遠地區且規模龐大的發電廠，將很可能對當地的電價產生極大的影響。

另一個使用市場價格的限制就是，在許多案例中，價格並無法準確地反映出社會成本或社會效益。這是一個經常性的情況，因為政府通常在私營市場失靈的領域中比較活躍。例如，政府提供公共財貨，像是公園、乾淨的空氣以及公路系統。這些公共財不具競爭性 (一個人的使用並不會消耗資源) 或／與非排他性 (一旦它被生產出來，企業不能阻止消費者使用此物品)，所以私人市場將容易低估這些財貨，因此使用市場價格將會低估了這生產公共財貨的淨利。

另外，分析家應該考慮變動成本、增加成本以及循環與非循環成本。成本分析師也應該使用多種評價標準來評價貨幣侵蝕：優惠利率、政府公債利率、資本的估計邊際效率以及消費者物價指數。每一種測量方式都有它特殊的優點和弱點，他們在你對於方案之成本分析具有很大的影響 [161] [162]。

此外，分析家需要注意長期成本。雖然分析家可能會發現，長期成本難以估量，但是他們必須知道的是，由於政治任命職有期限限制，顧客期待的期限可能快要到期了。因此，在分析過程中，若不指

---

161 在考慮到通貨膨脹時更是如此。請參考 Patton and Sawicki, *Basic Methods*, 194.

162 讀者可能會想要對真實成本與名目成本有更進一步的瞭解。請參考 Friedman, *Microeconomics*; and Apgar and Brown, *Microeconomics*.

出方案的成本意涵，將會是一個危險的錯誤。

有經驗的成本分析師應該考慮到各種形式成本的存在：貨幣支出、可以用貨幣單位衡量的成本、可以用非貨幣單位而以其他方式量化的成本、抗拒用可靠量化方式衡量的成本。這樣的成本可能是一項新技術的費用，例如一氧化碳和碳氫化合物散發的影響、消耗資源的價值、沒有市場價格之政策計畫的價值，例如上述提到了一個偏遠地區的發電廠，或是一個娛樂區對於乾淨空氣的影響 [163]。

此外，分析家不應該認為金錢或者貨幣度量能被簡單地加總，也就是說，同一個計畫中，不同單位的成本與利益無法進行比較。再者，金錢或貨幣度量也要取決於付費的意願，換言之，假設一個人的付費承擔可以決定政策是否能夠執行的話，那麼這個人願意負擔的最大費用就很重要 [164]。

在資源受限的條件之下，要從數種方案間做選擇時，要按其淨利/起始成本的比例排列優先順序，優先順序表要排到資源用罄為止[165]。

當預算有限時，這個決策規則就最常應用。這個決策模式會指引我們挑出一個在預算限制之內可得到最大淨利的計畫。排列順序的指標：淨利／初始成本的比例，指的是計畫的淨利除以計畫的初始成本。Stokey 與 Zeckhauser 建議使用這種比率為基礎來排列方案，因為初始成本就是問題癥結之處，換句話說，就是初始成本耗盡我們的預算的 [166]。

---

163 Stokey and Zeckhauser, *A Primer for Policy Analysis*, 148.
164 Ibid., 150.
165 Stokey and Zeckhauser, *A Primer for Policy Analysis*, 142.
166 Ibid., 143.

　　這個決策規則的重要意涵就是，當我們的預算沒有限制時，也許就不會挑選同樣一個計畫。舉例來說，一個會產生巨大淨利的計畫，可能會因為過低的淨利／初始成本比例，而在優先順序名單中敬陪末座。假如我們因為預算用罄而無法執行這個能夠產生巨大淨利的計畫，我們仍舊會從所選擇出的計畫中得到極大化的總淨利。

　　在此必須提出一項警告：透過比例來做選擇必須非常謹慎。

圖 10　排列方案

等第	方案	預算	起始成本	淨利	淨利／起始成本 $x \to \infty$
1					
2					
3					
4					
5					
n					

當方案的成本相同而效益不同時，使用成本效益分析來簡化決策過程，反之亦然[167] [168]。

　　成本效用分析就類似於成本效益分析，唯一的不同是：前者不需要找共通的評估度量 (像「元」) 來評估利益與成本。成本效用分

167 Stokey and Zeckhauser, *A Primer for Policy Analysis*, 153.
168 這個觀點在第二章也有討論，因為其與模型建構有關。

析在兩個特例上很合適。第一個特例是，方案間只有成本不同時，也就是說，所有的方案都提供相同數量的財貨，它們之間的競爭只有成本價格。例如，國防部在評估兩架可以提供相同軍隊運輸量的運輸機(假設飛機其他性能都大致相似)。

第二個例子是，所有方案的成本都是固定的，而唯一的不同處就是效益。作者引用一個模型說明這種情況，這個模型假設一個娛樂中心有一筆固定的金額來興建游泳池，在此情況下，只有水池的特性(尺寸、跳水板的數量等等)對於分析而言才是重要的。

使用成本效益分析的優點在於，其允許分析家直接比較方案；它因為不用評估那些難以估計之效益與成本的金錢價值，而得以簡化決策過程。當方案的成本相同時，成本效益分析省去了分析家將效益轉變成金錢的過程。當效益相同時，成本就已經以金錢來呈現了，分析家就可以基於成本而直接進行比較了。

當使用成本效益分析時，請應用基本的決策規則：選擇能生產最大淨利的方案[169]。

　　一個政策方案的成本效益計算是用效益除以成本。這個基本的規則就是極大化淨利益。只有當總產出或者總成本是固定時，成本效用才會是正確的。例如，如果一架由 Northrop 生產的飛機，成本 100萬美元而能運送 750 名士兵，那麼該飛機的成本效用就是 0.00075。如果一個由 Lockheed 生產的飛機，能運送相同數量的士兵(也就是，產出是固定的)，但必須花費 150 萬美元，它的成本效用就是0.0005。在這個例子裡，如果其他條件固定不變，Northrop 將會是可

169　Stokey and Zeckhauser, *A Primer for Policy Analysis*, 137, 154.

以選擇來簽定契約的公司。

這正如我們所期望的，Stokey 與 Zeckhauser 提供一個更清楚的範例來闡述成本效益的價值。一個城市的害蟲控制單位正在評估兩個清除公共住宅鼠害的計畫。這項計畫只能花費 10,000 元 (也就是成本被固定)。第一個方案是，清除每一間公寓鼠害的成本是 100 元，並且有 90% 效益。而第二個方案是，清除每一間公寓鼠害的成本是 40 元，但是只有 50% 效益。第一個方法的成本效用是 0.9/(100,000 美元/40 美元)，第二個則為 0.0002。基於成本效益分析，這個城市應該選擇第一個方案，如果我們採用的是成本效益分析，基於極大化淨利益的原則，也會得到相同的結果。

什麼叫做淨利益？淨利益是一個方案所預計產生的總獲益減去總成本。這個決策規則能讓我們選擇最有成本效率的方案。例如，我們正從兩個建造污水處理廠的計畫中選擇。我們計算第一個處理廠的總利益將是每年 5,000 萬美元，而成本 (包括工廠的建設和分期償還營運及維護費) 是 1,000 萬美元。第二個處理廠只需成本 500 萬美元，但是利益較低，每年只有 3,000 萬美元。依照這個決策規則，我們應該要選擇第一個處理廠，因為其淨利益是 4,000 萬美元，大於第二個的 2,500 萬美元。

上述的例子，在一個情況之下很容易理解，那就是計畫的效益與成本大都落在同一組人身上，也就是大多數的納稅公民 [170]。但若是成本及效益都無法平均分配呢？就像我們要在同一個城市中的兩個不同地區擇一成立警察局一樣，根據「極大化淨利法則」，應該選擇成本效益最大的地區。因為理論上，獲益將可以彌補損失，所以結果是

---

170 進一步的討論請參考 Friedman, *Microeconomics*.

正向的 [171] [172]。假如損失很難彌補，而且事實上也很少能夠彌補，那麼基於這個法則所做出的決策，就會引發一個與重分配有關的問題，而這個問題很難單純使用利益／成本的分析來解決。

> 但是，只有在方案有良好的定義時，才使用成本效益分析作為決策基礎[173] [174] [175]。

　　成本效益分析是一個幫助提供資訊以制定決策的過程。在這個過程中，成本效益分析要確認一個或多個政策方案的社會影響力；評估這些影響力（通常以「元」為單位來呈現），並且計算其淨利益（如果有淨利益的話）。

　　當計畫或方案是有良好的定義時，上述這個過程就可被視為是一個主要的選擇基礎。例如，一個公共電力公司為了提供用戶額外用電，需要在地熱發電設備和水力發電水壩之間做選擇；一個城市運輸部門決定是否要買新的並具有高效率的掃街設備，還是繼續使用舊的；一個州政府的人力發展部門正在決定是否執行新的工作訓練計畫；或者一個環境部門正在決定，針對一群特定的污染者來執行一個艱難的新法規是否划算。

　　在上述的每一個例子中，被評估的方案都不是非常的具體，而是抽象但範圍明確的，每一個例子都是獨特的、容易識別的。在每一個案例中，雖然可能具有挑戰性，但每一個分析都是可處理的。因此，

---

171 這個概念有個正式的名稱，那就是 Hicks-Kaldor Compensation Principle.

172 Stokey and Zeckhauser, *A Primer for Policy Analysis*, 137.

173 Ibid., 134.

174 Aidan Vining 還加上了兩個條件，第一是當只有效率是重要的考量時，第二是當所有主要的影響能夠以貨幣量化時。

175 這個觀點在第二章模型建構部分有提到。

假如每一個方案的影響力、貨幣價值，以及目標都是可以接受的(但是要記住這是個很重大的假設)，那麼，成本利益分析就可以作為選擇的一個基礎理論。

相反地，試想一個範圍更廣的決定：政府是否應該執行救窮計畫[176]。由於這個問題所牽涉的幅度太廣，所以成本效益分析的決策力就降低了，因為方案的範圍太廣了。在這種案例中，成本效益分析還是有價值的，但是比較會被利用在思考建構的階段，用來突顯隱藏的假定，以及釐清得失之間的取捨，而非被當作決策的唯一或主要的基礎。Stokey 與 Zeckhauser 建議以成本利益分析作為解決困難問題的一種典範(而非一個提供建議的工具)，因為當政策問題很難定義，或是政策目標不明確時，成本利益分析特別有價值。

與一般假定相反的是，與方案相關的目標愈重要，其成本意涵也就愈重要[177]。若目標攸關生命、尊嚴或周遭環境，那麼該目標可能被認為應該不惜代價地去達成，但是，這種具有高價值的理想，通常被錯誤地與成本觀念區分開來。

要記住，目標和成本很緊密地連接在一起。只有仔細地考慮成本才能夠帶出可行的方案與達成預設目標。

176 Stokey and Zeckhauser, *A Primer for Policy Analysis*.

177 International Institute for Applied System Analysis. *Beware the Pitfalls*, 12.

政策執行的考慮事項：政治和管理的可行性

經常要考慮到政策方案的行政與政治可行性[178] [179] [180] [181] [182] [183]。

ooPoo（小心！常犯重要錯誤）

　　Dror 定義政治可行性為：「在一定時間內，確定政策方案將得到足夠的政治推展與支持，得以被認可並付諸執行的可能性。」[184] 分析家應該意識到方案通常依賴於可行性因素，例如計畫的時間表、方案可能得到意識形態與官僚支持，意識形態上的一致性與技術上的可行性。檢視政治可行性時，應該釐清並評估那些可能在特定的政策領域或政策循環的各個階段中，得以產生影響的活動、事件以及行動者[185] [186]。

178　Webber, "Analyzing political feasibility," 14, 4: 545-553.

179　May, "Politics and policy analysis," 101, 1: 109-125.

180　MacRae, Duncan Jr. and Wilde, James A. "Political Feasibility: Enactment and Implementation" in *Policy Analysis*, 49-51

181　Meltsner, *Rules for Rulers*.

182　Meltsner, "Politics feasibility," 32, 6: 859-867.

183　Patton and Sawicki, *Basic Methods*, 218.

184　Dror, Yehezkel, *Design for Policy Sciences*. New York: Amereican Elsevier, 1971, 59-60.

185　根據 Webber，以及後續 Vig and Kraft 的說法，政策循環中可行性的檢測，應該包括對下列各階段的分析：議程設定（問題的確立與定義及行動的倡導），政策規劃（確定目標、政策合法化並動員支持），政策執行（動員資源），政策評估（評估結果並因而重新定義目標與議程），以及政策修訂或終止。請參考頁 546。

　　See Webber, "Analyzing political feasibility," 14, 4:545-553.

　　and Vig, Norman J. and Kraft Michael E. "Environment Policies from the Seventies to the Eighties," *In Environmental Policy in the 1980s: Reagan's New Agenda*, Norman J. Vig and Michael E. Kraft, eds. Washington, DC: CQ Press.

186　Geva-May and Pal, "Good fences," 3.

即使最精緻的政策解決方法，也可能無法通過實用性的考驗。有些潛在的解決方式假定政策分析家能夠獲得高成本或難以獲得的消息。例如，若要為化學工業計算適當的污染稅，那麼，至少要經過兩個步驟來計算邊際成本與社會成本的差異，才能定出適當的稅率。政策分析家將能發現：

1. 每增加一單位的產量所產生的社會成本；以及
2. 工業的邊際社會成本[187]。

在其他情形裡，既得利益似乎是執行合理政策時無法移除的障礙。在此，並不是要建議去操縱政策解決方法，而是要瞭解你或你的組織要洞悉政策時需要哪些資訊。

分析家應該要瞭解，方案的規劃和最後被採用的政策是不同的：前者指涉運作可行性，後者指涉政治可行性。

Chow 提供了一個例子說明，通過運作可行性檢驗的解決方案，卻在政治可行性上被質疑。這個例子與香港對 1997 的恐懼有關[188]。從 1842 年起香港一直是英國殖民地，自 1997 起將回歸在中國主權下，儘管有政治保證，但在 1989 年 6 月 4 日的北京天安門大屠殺之後，回歸中國便成為香港居民的壓力。有將近 10% 的人口希望在 1997 年以前離開香港。預計專業人士會移民至美國、加拿大或是澳大利亞，而藍領工人則會移民英國。然而英國可能沒辦法吸收這些移民。

---

187 Weimer and Vining, *Policy Analysis*, 136.
188 Chow, K.W. Super-optimum solutions in developmental policy. *Public Budgeting and Financial Management*, 1992; 4, 1:273-279.

　　當醫生、護士和高級專業人士離開時，人才的流失會造成一個缺乏服務能力的社會。為了解決這個問題，有一些方案就推出了，然而沒有一個方案能夠通過政治可行性的考驗。無論是薪水的增加或者是給予國家公務員一些好處，如升官及供給養老金，這些方案顯然都是無效能的，因為有 325 萬個居民已經要求英國確保其英國公民的身分。

　　另一個解決辦法是發給香港居民英國護照，以避免恐慌。事實上，香港人可能會希望留在香港，但是要尋求保護。然而，這也可能引發移民潮，導致英國與其他西方國家受到嚴重的影響。此外，北京方面可能不希望見到香港如此地國際化，大部分的居民都拿外國護照[189]。

在政策制訂的起始，就應該將政治與行政可行性納入政策設計的考量中。

　　分析家極力主張應該讓政治和行政可行性納入政策設計的考慮中[190][191]。這樣既實際又符合程序。就實際上而言，你可以與政策的潛在反對者稍做妥協，選擇一個較次等又能令人滿意的方案，而不是堅持一定要最好的方案。就程序上而言，你可能可以與潛在的反對者合作，給他們在政策設計中發聲的機會。

　　在決定採用某政策方案的階段，應設計一個評估與終止政策的機制，以權衡政策方案。再者，因為政策分析發生在真實的世界中，所

---

189 除了政治意涵，分析家應該瞭解，在這種案例中永遠都會出現價值衝突。因此，方案的規劃與採用，只有在參與者的價值與對遊戲本質的認知都被考慮進來時，才是有可能的。

190 Weimer and Vining, *Policy Analysis*, 292.

191 MacRae and Wilde, *Policy Analysis*, 50.

以你需要考慮，你的政策方案要如何進展。

以下將更詳細地陳述這些策略。

請瞭解方案的可行性附屬於價值中。

　　為了預測政策提案的可行性，應該檢視所選擇的方案是否在合理的預算範圍之內、技術上是否可行、是否合法以及符合道德規範。不過，這項建議沒有想像中的那麼簡單。在考慮上述那些要點時，你會發現有無數的價值是你必須瞭解，並且在可行性評估中加以納入考量的。要在可接受的價值範圍達成共識，其中一個方法就是顧客與受眾之間的合作。MacRae 與 Wilde 提出有關分析的倫理，他說：「如果你希望自己的政策選擇被採納，就要從社群中擷取普遍被接受的價值，要不然就是說服公民接受你提議的價值。」[192]

　　我們可以假設，經過了問題定義、標準的設定，還有預測模型的確立，到了方案的選擇階段，你應該已經相當瞭解顧客、相關利益團體、與機構所抱持的價值。事實上，這些價值可能早在你需要針對方案做選擇決定之前，也就是早在定義問題、設立評估標準，以及針對所有可能的方案進行第一次的廣泛審查時，就已經影響你了。在提出任何方案的建議之前，就要檢視政治文化脈絡[193]，把所有形塑政治文化的價值、信仰、相關的禮儀、象徵、假設，以及行為規範都考慮進來，才能幫助預測可能遇到的阻力，也才能評估所提之建議付諸實

192　MacRae, D. and Wilde, James A. "Political Feasibility: Enactment and Implementation." In *Policy Analysis*.

193　Levine and Sanger, *Making Government Work*, 204.

行的機會 [194] [195]。

> 確定並且考慮在政策執行時的相關限制[196]。

　　「總歸來說，問題不在於能解決或不能解決，而是在有限的條件與特定的限制之下能不能解決。」[197] 例如，一些經濟學家強調「污染費」的必要，這是基於理論模型所計算出來的每單位污染稅，理論上是最理想、成本最低的方法以降低污染。然而，除非能夠明確地描述、收費標準怎麼設立，或是這個規範如何強制執行，否則這個建議就容易產生誤導。在反污染法規上具有實務經驗的不同國家，仍然無法證明污染費是優於標準收費系統與許可制度的 [198] [199]。

> 為了幫助政策執行，應根據你的建議提出後續的執行步驟[200]。

　　給予建議時，最常被忽略但也是很重要的元素，就是告訴決策者如何做才能執行這個建議。雖然在給予建議時，附上全套的執行指南

---

194 請參考 Lynn 1980, 82, and Levin and Sanger 1994, 204 對組織文化定義的解釋。例如，Lynn 認為組織的績效與能力，是受到其技術、工作、結構、財務來源、人力資源、文化與環境的影響。這些都需要列入考量，以確保執行能夠成功。Levin and Sanger 則視文化為假設、價值與行為規範。

195 有關政策可行性以及價值在選擇方案時所扮演的角色，請參考 Webber, "Analyzing political feasibility," 14, 4:545-553; May, "Politics and policy analysis," 104, 1:109-125; Meltsner, "Political feasibility," 32, 6:859-867; and Meltsner's Rules for Rulers.

196 這個觀點也在第二章討論過。

197 Majone, *Evidence, Argument and Persuasion*, 72.

198 Webber, 1986 and by Meltsner, 1972. 也有發展這個觀點。

199 Bardach, in his *The Implementation Game* and Pressman and Wildavsky in Implementation. Berkeley: University of California Press, 1973, 上述兩本書都透過執行過程來檢視政治可行性的問題。

200 Stokey and Zeckhauser, *A Primer for Policy Analysis*, 206.

通常不太可行，但是比較可行的做法就是簡短地討論「下一步」應如何進行，以使決策者知道如何執行你的建議。

提供下一步該怎麼做的建議，既具有官僚的目的，又能幫助顧客：藉由明確地要求你的顧客同意特定的行動，你可以幫助他聚焦於眼前的決策，也會給決策過程添加一些動力。舉例來說，一個經驗老道的立法助理知道，雖然有很多議題同時在爭取老闆的注意力，但是要讓一個議題永遠保持活躍的狀態，就是在備忘錄的尾端附上贊成行動的字句。如此，當要求老闆在簽名同意採取特定的行動時，就是促使老闆從一個被動考慮的模式轉變為主動決策制定的模式。

約瑟夫可能是第一個被公認的政治分析家，也是一位法老，他的故事就能說明上述的論點。約瑟夫不僅解夢與分析問題，他也提供最有價值的「下一步」的建議。他預見七年的繁榮過後，有七年乾旱和可能的飢荒，因此他提議埃及人在豐收的七年期間儲存未來七年的糧食。透過這個建議，那些埃及人不僅得以倖存，而且也能在乾旱期間把他們的糧食出售給鄰近國家。如果約瑟夫沒有提供那些可行的建議，他的分析對埃及人而言就無法提供有利的幫助。

集權的政策若要在多變的情況下有效率，就要在其中增加彈性的設計[201]。

那些坐在國家首府或者華盛頓特區的集權者，對於政策目標可能有非常清楚的想法，但對於要如何實現這些目標卻很少有概念。不論我們是在談論颶風過後，為了幫助受災社區而發放有限的救災物資，或是在都市地區減少青少年懷孕的議題，情況都是一樣。不論在什麼

---

201 Weimer and Vining, *Policy analysis*, 321.

情況下，你的方案都要讓知道的人參與政策設計，所謂知道的人，就是要實行政策方案的社區。

當給予地方社區組織或行政者更多的方案執行權力時，對於方案的執行就會失去某些控制，這是很自然的得失取捨。所以，可以提供一些正式或非正式的機會給予相關利益團體，來提供方案修正的建議。諮詢委員會主辦的公聽會、公民會議，或是意見調查等等可以用來獲取回應意見。允許利益團體來影響方案設計，可能會使得方案在一開始就比較有效率。此外，增加提供意見的機會，能使得執行過程更加順利，因為這樣有可能把反對者變成團隊成員，換言之，其具有實際的合作價值。

再者，方案應該藉由發展地方執行能力，來增加方案執行的彈性，用地方的力量解決問題，而非由不相關的人來解決問題[202][203]。典型的執行力發展策略包括技術支援計畫、資訊交流以及人力資源訓練計畫。當中央想要用有限的財政資源來產生大量的影響時，這種方法特別有利。這個策略更進一步的好處就是，一旦執行力被建立起來，即使問題已經解決，這個執行的能量會持續存在。

---

202 Ibid.

203 Patton and Sawicki, *Basic Methods*, 230 也有同樣的觀點。

在設計方案時要試問自己，若此方案受到採用，是否任何參與者都會覺得更好[204][205]？

舉例而言，美國國家心理衛生機構的研究顯示，若精神病患住院時，到醫院探望他的社工人員是來自病患的家鄉，並與病患建立一種互動關係，也參與執行病患的出院計畫，那麼該病患的回院率將會降低。這項提議打算在全國執行，因此公共福利委員會便詢問下列幾個問題：「所有的社工員與研究中所指的社工人員是否具有相同的資格？」「他們是否願意長途跋涉遠離家鄉來做這個工作？」「誰來負擔交通、住宿等費用？」「住院的病人們是否歡迎這些社工員的到訪？」這些問題的答案皆指出，上述方案再次受到肯定的比率偏低，而且這樣的改善也無法受到廣大的注意力。因此在這個例子當中，理所當然地，這項結論無法被採用，因為沒有任何人能夠在這項方案中獲得好處。

建議在執行過程中建構重複與鬆散的特質[206]。

為了使政策執行過程更為健全，方案必須要在政策執行過程中，建構重複或平行的系統。建立重複的系統可以為政策執行過程的重要

---

204 International Institute for Applied System Analysis. *Beware the Pitfalls*, 20.

205 這個概念符合了經濟學家的看法。他們所使用的辭彙就是帕瑞圖效率分配，這種說法意味著有一種方案是可以使一個人得到好處的同時，不會讓另外一個人遭受損失。請參考 Weintraub, R. On the Existence of a Competitive Equilibrium: 1930-1954. *Journal of Economic Literature*, 1983; 21, 1:1-39. 此外，有關分配的議題，也可以在下列參考資料中看到：Patton and Sawicki, 192; Weimer and Vining, 30-31; MacRae and Wilde, 160; Buchanan, JM. *The Demand and Supply of Public Goods*, Chicago: Rand McNally, 1968, 102-108.

206 Weimer and Vining, *Policy analysis*, 316.

系統與部分做備份，所謂的重要系統如果運作失敗，將會危及整個計畫。有一個例子將此概念陳述得更為清楚：早期空軍所使用的警示雷達網絡，其任務是發現敵人出擊的飛彈和戰鬥機。現在為了要保持雷達網絡的運作，空軍需要一台關鍵的校準設備。在這個情形裡，部門應該可以從兩個不同的承包商購買這個設備，也就是在雷達維護方案中建立一個鬆散的特質，當其中一個承包商停業時，仍然可以從另一個承包商獲得該設備。在這個例子中，你通常必須為了額外的安全而犧牲效率。

擴大執行者的合法權威，使你政策中所假設的行為能夠發生[207]。

很顯然的，為了讓政策不至於淪為只是一個意圖的論述，必須要有一些槓桿力道來強化政策執行者的行為，不論它們是透過鼓勵的方式 (補助款、稅額減免、技術建議、執照等等) 或是抑制的方式 (法律檢舉、罰款、課稅、許可證撤銷等等)。舉例來說，假如環境保護政策不允許政策執行單位採取強制行動，那麼，公司哪有什麼動機減少生產污染，而消費者又有什麼動機減少消費產生污染的產品？這樣的政策能有多少效力？道德勸說 (例如提倡用教育的方式進行勸導) 或許是一個有效的方法，但是即使是要進行教育或勸說，執行者仍然需要合法的權威才行。至少，一個計畫的執行者需要一筆預算，這是他本身的一種權力形式。

合法權威就是實踐一個政策的權力，Weimer 和 Vining 認為，一個執行機關擁有愈多的合法權威，愈能夠帶來政策所承諾的預期結果。不過，要使這個陳述成立還需要加上一些條件。常常我們會發

---

207 Ibid., 306.

現，單單靠合法權威的途徑並不足以強制執行一個政策[208]。法律仍能讓行動者擁有大幅度反對政策的空間，因而使得政策陷於停滯、混亂，使政策執行充滿挫折。這類不服從的行為非常微妙，多數情況下使用政治解決方法比法律更合適，至少在最初的策略上是如此。

立法與行政部門之間的政治關係所呈現出來的情況，就是分析家與立法／行政部門政策行動者的互動關係，有時會因為加入一組全新的、來自其他政府部門的政策行動者而被調整。由於政策制定並非獨立進行，因此立法部門與行政部門會在政策上相互影響。所以，在任何情況下，不論政策分析家的顧客是立法部門或行政部門，都要瞭解立法部門與行政部門之間政治互動的重要性[209]。

為了達到預期效果，政策執行過程中要將官僚的元素減到最少[210]。

這個建議是從 Gene Bardach 對於執行過程的暗喻發展而來的。他把政策過程比喻為一條生產線[211]，為了生產出預期的結果，執行者必須要把一系列的假設，轉變成一系列的成果。這假設與成果之間的連結，或者「元素」，一般而言，包括生產財貨與服務所需的人員、材料、資本和其他資源。這個過程的挑戰在於，執行者要設法從控制這些「重要元素」的人身上獲得這些要素的控制權，這個建議符合作者的看法，認為執行過程就是一連串採用策略的過程[212][213]。在

208　Ibid., 307 and 309.

209　Chelminsky, E., What Have W Learnt about the Politics of Program Evaluation. Plenary address to the American Evaluation Association; 1986; Kansas: Missouri, 32.

210　Weimer and Vining, *Policy analysis*, 307.

211　Bardach, *The implementation Game*, 293.

212　Weimer and Vining, *Policy analysis*, 293.

213　Ibid., 307.

這個觀點之下，每一個細微的採用，都需要某種形式的政治操作 (收編、議價等等)，以集合每一個重要的元素，並使其處於適當的位置 [214] 。

Meltsner建議分析家，為政策執行發展行政策略時，要基於實際或模擬的市場而非官僚過程[215] 。

一般而言，應該避免大量且毫無判斷地倚賴審計與控制機制、龐大與累贅的書面流程，或是類似的作業。尤其像由專業人士 (例如醫生或老師) 執行的計畫，這些繁瑣的作業流程，較好的情況是與其提供的服務沒有相關，最糟的情況是反而破壞了服務的提供 [216] 。

總結來說，設計你的政策建議時，要預先考慮並設法減少政策過程中各種參與官僚的「執行遊戲」所帶來的負面影響 [217] 。

考慮改變制度的可能性[218] [219] [220] 。

政策建議不應該假設制度的限制是不會改變的，但是要檢視改變政策問題的相關範圍，或是在既存的制度運作之下修改規則的可能性。

例如，1971 年尼克森政府決定終止美元與黃金的兌換時，華盛頓地區普遍認為美國應該發起改革國際貨幣制度。當時美國政策制定者對於在國際貨幣基金組織 (IMF) 中的基礎談判感到憂心，因為他們

---

214 Ibid., 309.

215 Meltsner, *Policy Analysis in the Bureaucracy*, 153.

216 Ibid.

217 Ibid., 153-154.

218 這個觀點在第五章有關執行終止的部分會討論。

219 MacRae and Wilde, *Policy Analysis*, 21.

220 Majone, *Evidence, Argument and Persuasion*, 95-115.

害怕將失去對 IMF 成員的影響力。同樣地，由 10 個主要西方工業國
(非受蘇維埃政府影響的國家) 的財政部長所組成的十國集團 (G-10)
聯盟也提出問題，因為它完全排除未開發國家，也因為美國害怕歐洲
人支配了談判而損害美國的利益。所以最後，美國在 IMF 的編制架
構中設立了一個任務編組的委員會，該委員會廣納會員，使得美國保
有主控權，而 IMF 人員則失去控制權 [221]。

　　另一個例子則是在職業安全立法的發展過程之中，對於某些重要
議題的辯論。這些辯論的關注焦點在於，確立審查標準的部門要設在
哪裡，究竟是在每一個州政府裡面，還是在聯邦政府裡面？如果是在
聯邦政府，那麼是要設在勞工部長之下，還是另設一個由總統指派的
獨立單位？有些選擇是想加強既存部門的影響力，而有些則是想要根
除或改變那些影響力 [222]。

221　Ibid., 99-100.
222　Ibid., 104-107.

總結：主要概念的整理

 11 摘要圖

A. 方案的產生：一般的考量因素

- 使政策方案儘量地具體化。
- 考量引起大眾關心的普遍價值。
- 應用過去經驗與歷史類似事件至分析中。
- 要充分瞭解方案的預測結果。
- 永遠儲備著方案。
- 要有創造力。
- 要有彈性：隨時修正目標與相關的方案。

B. 解決方法的類型

- 對於全面的解決方法要保持猜疑的態度。
- 避免建議存在已久的解決方法。
- 不要放入無價值的選擇。
- 排除所有劣於其他選項的方案。
- 對以下幾個選項嚴肅看待：既存的政策提案、一般提案、漸進的政策解決方法，和客製化的方案。

C. 選擇方案：考慮政策變項

- 確認能夠描述問題各個面向的要素。

D. 方案的選擇：使用標準

- 為所有方案提供相同的評價標準。
- 避免建議未經探索的選擇。
- 要非常清楚你的分析中，利弊得失之間的取捨。
- 當你必須在相互獨立的方案間作決定時，或是當你的選擇受資源條件的限制時，請不要用成本／利益分析的比例作為決定的標準。
- 結合具有同樣單位的評估標準。

11 摘要圖 (續)

E. 成本分析的考量

- 不要低估瞭解政策方案成本的重要性。
- 當我們要呈現成本利益分析的資料時，應該要考慮到資料的完整性。
- 當我們要使用市場價格來評估方案的收益與成本時，應抱持著機警的態度。
- 要注意長期成本。
- 在資源受限的條件之下，要從數種方案間做選擇時，需按其淨利 / 起始成本的比例來排列優先順序，優先順序表要排到資源用罄為止。
- 當方案的成本相同而只有利益不同時，使用成本效用分析來簡化決策過程，反之亦然。
- 當使用成本效用分析時，選擇能生產最大淨利的方案。
- 成本效用分析只有在總產出或總成本是固定的時候才正確。
- 成本利益分析是釐清政策備選方案的社會影響力；賦予這些影響力價值；計算其淨利 (如果有的話)；並基於這些資訊進行決策制定的過程。
- 只有在方案有良好的定義時，才使用成本利益分析。

F. 政治與行政的可行性——政策執行的考慮事項

- 考慮政策方案的行政與政治可行性。
- 方案的規劃和最後被採用的政策是不同的：前者指涉運作可行性，後者指涉政治可行性。
- 在政策制訂的起始，就應該將政治與行政可行性納入政策設計中。
- 確定並且考慮在政策執行時的相關限制。
- 為了幫助政策執行，應根據你的建議提出後續的執行步驟。
- 集權的政策若要在多變的情況下有效率，就要在其中增加彈性的設計。
- 在設計方案時要試問自己，若此方案被採用，是否任何參與者都會感覺更好？
- 建議建構重複與閒散的特質於執行過程中。
- 擴大執行者的合法權威。
- 將政策執行過程中的官僚元素降至最低。
- 基於實際或模擬的市場為政策執行發展行政策略。
- 考慮改變制度的可能性。
- 採取一個倡議的途徑。

Chapter 4
提出論證

引言 [1]

無論政策分析是漸進的、創新的、便宜行事的[2][3][4][5][6][7]，抑或應用由於時間和資源所延伸出來的不同研究取向[8][9]，分析家的最終任務便是向客戶或可能有興趣的受眾傳達他們

---

1 有關本引言所陳述要點的進一步討論，請參見後續內容說明。讀者也許想要去參考下面所列的參考文獻。這些文獻支持並擴充本章所提出的各項議題，而且它們也反映了政策分析這個領域的共同觀點。

2 Lindblom, "Still muddling."

3 Weimer, "The craft of policy design," 11, 3/4: 370-387.

4 Weimer, "Claiming races," 25, 2: 135-159.

5 Schwindt and Vining, "Delivery market for transplant organs," 11, 3: 483-500.

6 Patton and Sawicki, *Basic Methods*.

7 House, *The Art of Public Policy Analysis*.

8 Bardach 的 "Gathering data," 2: 117-144，強調政策分析和政策研究之間的差異性。

9 若希望獲得更清晰的比較，請參見 Weimer and Vining, *Policy Analysis*, 4.

的發現 [10] [11] [12] [13]。分析家和決策者之間的溝通互動，可以回溯到問題認定、標準設定、模式與方案選擇的階段。到了論證階段，政策分析過程便要面對後設分析 (meta-analysis) 與口頭說服的挑戰了。

　　在政策分析過程的前三個階段中，可以說它們與社會科學研究，以及新聞專業都息息相關，論證階段所需的主要是後設分析技巧，以及和溝通指令相關的外在脈絡。政策分析在這個階段的論證特徵，不再是分析性的探究問題，而是要回歸到政治與社會學的舞台上 [14]。此外，若能設計一套清晰又具說服力的論述說詞，將有助於做出更精闢的問題界定，同時可以對不同的理論及執行手段提出不一樣的觀點。這並不是在暗示要改變問題的陳述，而是要讓它的意義更加鮮明。

　　我們認為論證是一個和其他政策分析過程都不同的階段，在這個階段中，所有的分析途徑和功能都會匯集在一起。有效的論證意味著有不同的執行可行性存在，同時也意味著要和那些可能協助或阻礙分析家所提計畫之人士協力合作。這個趨勢會在論證階段之前早便已開始，只要它是在溝通策略的脈絡下，而且涉及的是有效的論述、操縱與倡導。

10　Ibid., 頁 8。

11　MacRae and Wilde, *Policy Analysis*, 219-240.

12　Bardach, *Policy Analysis as a Form of Argument*, and Bardach, "Problem Solving," 4-25.

13　Ibid., 頁 20。Bardach 提到最能說明何謂「說故事」("telling the story") 的類比。他提出所謂的「紐約計程車司機測試」，一個遇到尖峰時段塞車的分析家被司機問到從事哪種工作。他試圖解釋何謂政策分析家，「所以答案是什麼呢？」……「在他開始揶揄你是個沒路用的知識份子，甚至講出更糟的形容詞之前，你有一分鐘的時間說出一個一貫且實際的解釋。」Bardach 歸結道：「如果你覺得自己說話開始吞吞吐吐，這表示你自己還沒到深入瞭解的程度，足以讓人知道你的意思，甚至也許連你自己都聽不懂。」

14　Fischer 和 Forester 將此稱為政治與社會學的「演出」("staging")。參見他們在 "Editors' Introduction," 第七頁的討論。

我們之所以需要採取倡導途徑 (advocacy approach)，是因為方案意味著變遷。任何新的方案都會干擾本質上屬於官僚的、社會的或政治的現狀 [15] [16] [17] [18]，而且會促發反制。為了讓政策提案能夠被接受甚至執行，政策提案必須提出並獲得支持。決策者必須被說服才行。我們主張光是提出方案還不足夠。替代解決方案必須獲得支持，而分析家正好最適合站在這個位置上這麼做：他們已經對爭論性議題做過調查，而且也取得了事實的或政治的資料以支持他們的提案。如同MacRae 和 Wilde 在 1979 年的作品一樣，Fischer 同樣也思索著政策分析中的公民角色。他認為專業在政策論證階段的重要性，同樣可視為一種手段：「將公民帶入政策制定過程，這對民主政治理論與實務而言都是最主要的挑戰之一。」[19] 由於當代政策議題的複雜性，以致論證的呈現方式應該要讓公民避免像現在一樣地陷入邊緣的角色，而是要主動參與政策過程。

分析家面對的受眾也許會偏愛或厭惡他的建議，或者在最好的情況下，且結構可行時，甚至想要實行他的「得意計畫」(pet proposal)[20]。接下來的關鍵字是倡導 (advocacy)[21] [22]，無論是為了說服服務選民，抑或為了驗證命題的技術或政治可行性。為了盡量增加

---

15 Lynn, *Managing Public Policy*.

16 Wildavsky, *Speaking Truth to Power*.

17 March and Simon, *Organizations*.

18 Gerth, Hans H. and Wright, Mills C. eds. *From Max Weber: Essays in Sociology*. New York: Oxford University Press, 1946.

19 Fischer, "Policy Discourse," 36.

20 這個名詞用於金登 (Kingdon) 的著作中，見 Kingdon, *Agenda, Alternatives and Public Policies*, 204.

21 Chelimsky, "What Have We Learnt."

22 Sonnichsen RC. Advocacy evaluation. *Knowledge and Creation, Diffusion, Utilization*, 1989; 10: 243-259.

可行性，分析家必須跳脫出分析之外，並且要讓自己加入溝通的政治中：遊說、說服、利用問題發生的機會，或政治窗開啟，或議程設定。他應該研究政治脈絡與行為者、組織結構與政治，而且要評估反對程度，並找出方法來開發支持群眾。最後，他應發展出能夠確保清晰表達的溝通與說服技巧：

> 論證的典型結構是事實陳述、詮釋意見與評估的複雜混合體。除了數學和邏輯演繹外，它還包含統計、實證與類推而得的結論，並且要參酌專家意見、進行效益與成本分析，以及說明各種可能的條件無法成立或例外狀況。這樣無可避免的複雜性，使任何一項論證的正式檢測都變得不太可能。無論如何進行檢測，都必須依賴各式各樣的專業標準、符合不同的理論以及曾被運用過的方法；此外，其結果的可信度和健全度端視假定和內容詳細的變異狀況。最後，要依賴委託人的有形或無形的適當指標[23]。

最起碼，有效的論證需要有效的論述技巧，亦即簡明扼要的文字以及使用能被理解的語言。你的受眾通常沒有時間可耗費在太多細節上。Bardach 將此階段視為「說故事」階段[24][25]。誰來說這個故事、對誰說、什麼時候說，以及如何說這個故事，將是本章的重點。

接下來所提出的處方，顯示的是有助於論證進行的思考要點、策略及技術。

---

23 Majone, "Craftsmanship." 另請參見 Majone, Giandomenico. "An Anatomy of Pitfalls." In *Pitfalls of Analysis*, Giandomenico, Majone and Edward, S. Quade, eds. Chichester: John Wiley & Sons, 1980, 16.

24 Bardach, "Problem Solving".

25 相同議題可參見 Weimer and Vining, *Policy Analysis*, 8.

分析家的角色與條件

> 為了增進你的影響力並充分利用你的論證，一旦完成分析後，你就應該採取倡導途徑。

這表示你在組織討論到有關評估建議時，要能主動參與，而且要放棄傳統的中立立場[26]。政策分析涉及到釐定政策及造成政策結果的各種力量的調查，而其發現應該成為政策倡導 (advocacy) 及解方 (prescription) 的必要前提[27]。

雖然 Jennings 認為政策倡導是要在實證客觀論和主觀論之間尋找建議 (counsel)，但 MacRae 將它界定為一種對立脈絡下的說服活動[28][29]。在前者，作者從共識和對立兩種脈絡之間區別政策倡導；在後者，政策建議被認為是「在以共同的善 (common good) 為基礎，來對各種觀點進行取捨，並且以這些不同觀點間的正面『契合』為基礎來制定政策。」[30]

在評估作業的模式建構及方案設計階段，中立性的確有助於政策分析，然而一旦組織行為者開始提出與討論政策發現及建議，並準備採取行動時，它就會開始造成妨礙。接著它會成為組織中重要人物、玩弄權力及政治的工具。當缺乏政策倡導和組織基礎，政策方案就會

---

26 Sonnichsen, "Advocacy evaluation," 10: 245.

27 Dye, *Understanding Public Policy*, 6.

28 Jennings, Bruce. "Counsel and Consensus: Norms of Argument in Health Policy." In *The Argumentative Turn in Policy Analysis and Planning*. Frank Fischer and John Forester, eds. London: UCL Press, 1993.

29 MacRae, "Guidelines for Policy Discourse," 104.

30 Ibid., 105。

變得沒有太多生存能力[31]。

另一方面，請注意你的論證在推介階段是可以被討價還價、改變、忽視或付諸執行的，但在政策制定過程中如果沒有倡導者，這些論證將不會被完整呈現出來[32][33]。

雖然有必要提出一些事前警告，但政策倡導在後續階段卻可能對你造成政治傷害。你可能被貼上某些立場的標籤，且未來的行政部門也可能不希望和你繼續共事[34]。

政策分析家應該視自己為政策論證的呈現者，而不是問題的解決者[35]。

根據 Majone 指出：「因為政策分析的結論很少受到嚴格的驗證，而就此認為分析家是問題解決者的這個印象，其實是有問題的。」[36] 因此，政策分析家的角色是一種「政策論證的提出者，這比較像專門從事法律論證的律師，而不像工程師或科學家。他的基本技能不是要進行演算，而是能進行論辯：批判地探究假定(assumptions)、提供並評估證據、掌握眾多線索，從各種不同源頭中推斷出論證，以及進行有效地溝通。」[37]

Majone 駁斥許多政策分析的教科書都有一種「決策者」的偏見，好像政策分析只應該用來提供理性的證明，讓政策能指出一條通

---

31 Sonnichsen, "Advocacy evaluation," 10: 256.

32 Ibid., 252。

33 Chelimsky, "What Have We Learnt."

34 Patton and Sawicki, *Basic Methods*, 15.

35 Majone, *Evidence, Argument and Persuasion*.

36 Ibid., 22。

37 Ibid., 21-22。

往特定目的地的最佳路徑而已。其實不然，政策分析家也許能在決策者，缺乏完全理性方法以選擇最佳政策的情況下，幫助他們合理化他們的決策和行動。這不表示政策分析在欠缺充分理由的情況下，提供事後回溯的說理 (ex-post rationales)，政策分析應該針對政策倡導提供實質資料。而在政策分析倫理的辯論中，這個區別就顯得格外重要。

　　舉例來說，在殺蟲劑管制的個案裡，對於化學物質在現行水準下，對人體的致癌影響，科學上並沒有一致觀點，可以決定什麼才是適當的標準。政策分析家被迫要根據有限的證據，制定出一套達成決策的程序。「除非大家對規範本身有共識，否則經驗方法並無攻擊的著力點，因為問題的本質取決於採用什麼樣的規範。因此，在設定規範及界定問題時，論證及說理扮演著關鍵角色。」[38] 再者，將論證過程視為一種後設分析的觀點，可以合理化扮演行動理性提供者的角色。誠如 Robert Hoppe 所主張，為了要構想組成正反論證，又能前後連貫各個政策的論述 (discourse)，政策分析家需要透過各種花招，以便「模糊的偏見，能夠由較清楚的政策概念所取代。」[39]

　　另一種觀點，認為分析家是個協商者 (negotiator) 和推動變遷者 (change agent)[40]。為了成功扮演這樣的角色，分析家也應該以此角色期許自己。最終，分析本身的價值，就取決於他們是否連那些「不懷

---

38 Ibid., 28。

39 Hoppe, "Political Judgment." In *The Argumentative Turn*, Fischer and Forester, 78.

40 Sonnichsen, "Advocacy evaluation," 10: 248.

好意也心存懷疑，卻又明理的受眾」[41][42]，都能加以說服。因此，分析家除了要認識組織權力結構、重要人士和決策過程的政治本質，並對其保持敏感外，他們能否深入瞭解組織行為，體會文化、傳統及主要決策過程，也是至關緊要的事務。

　　不過，Behn 與 Meltsner 都在某種程度上，預見分析家擁有另一個更有影響力的能力。他們建議分析家在政策賽局 (policy game) 中，將自己看成一個政治行為者 (political player)[43][44]。這意味著你的分析結果會被政治人物用來支持或反駁政策提案。此外，如果政治人物並未使用你的分析來進行決策或合理化決策，你的工作就失去相關性了！

建立可信度 (credibility)。

　　分析家在使用他們的分析時，可信度是一項重要的「政治條件」(political condition)。如果你的分析是因為方法論上的品質不佳，或因為黨派成見的緣故遭受抨擊，將會減少你的發現被應用的機會。另一方面，如果政策問題無趣，那麼高品質和客觀性，也同樣無法確保被

41 Kahn H. and Mann I. Techniques of Systems Analysis. RM-128; Santa Monica, California: The Rand Corporation, 1957. 引自 Majone G. Pitfalls of analysis and the analysis of pitfalls. *Journal of Urban Analysis*, 1977; 4: 235; 以及 Lynn, Laurence E. Jr. "The User's Perspective." In *Pitfalls of Analysis*, Giandomenico, Majone and Edward, S. Quade, eds. Chichester: John Wiley & Sons, 1980, 105.

42 Lynn, "The User's Perspective," 105.

43 Behn, "Policy Analysis-Policy Politics," 17.

44 Meltsner, Arnold J. "Don't Slight Communication: Some Problems of Analytical Practice." In *Pitfalls of Analysis*, Giandomenico, Majone and Edward, S. Quade, eds. Chichester: John Wiley & Sons, 1980, 135. 儘管作者覺得「大多數分析家對於政治的嚴苛特性（沒有）興趣，不過較適度的規範卻有其必要。」

應用的可能性。舉例來說，Chelimsky 認為不良品質和主觀性，「無論問題為何」，國會就比較不會使用該分析 [45]。

分析家應該直接面對弱點和反駁的論證 [46]。如果忽視弱點或重要的反駁論證，一旦後來被指出來，就可能破壞一項分析的正當性。另一方面，明白指出一項研究的限制和直接面對反駁的論證，都會增加分析家的可信度。「這通常會放入反面例子和承認個人研究限制的代價……，這樣的坦率提供了一種平衡性，並且軟化了政策倡導時的不必要姿態。」[47]

建議分析家要學習各種概念、理論、資料與技術性的工具，以產生論證與證據。

「政策分析就像傳統的工藝，成功與否，非常仰賴於他們是否精通有關材料和工具的知識，也非常重視人和任務之間的高度關係……。分析家藉由操作概念、理論、資料和技術性的工具，產生用以支持某些結論的論證與證據。」[48] 所以，分析家應該精通各種分析途徑，因為沒有單一的設計或方法，能指望處理政治辯論所產生的各種政策問題 [49] [50]。

分析家如果欠缺分析技術，就可能陷入許多陷阱。例如，德拉威河灣綜合研究 (Delaware Estuary Comprehensive Study, DECS) 在分析

---

45 Chelimsky, "What Have We Learnt," 32-33.

46 Meltsner, "Don't Slight Communication," 134-135.

47 Ibid., 135。

48 Majone, "An Anatomy of Pitfalls," 9.

49 Chelimsky, "What Have We Learnt," 34.

50 我們這裡所強調的原則，可參見以下作品的深入討論：Majone, 1980 和 Chelimsky, 1986。不過在政策分析文獻的檢閱中，都可以看到這項議題的提出與強調。讀者可參閱 Eugene Bardach 的論文：*Urban Analysis*, 1974。

他們的方案時就顯得限制重重，而且也不加區別地接受將未溶氧這種不當指標當成了主要的品質指標[51]。另外的例子，也關係到不熟悉經濟社會統計的分析家。他們如果無法體會誤差幅度的範圍，通常就會推斷出和趨勢有關的不當結論，其實只是部分的統計干擾而已。不正確地評估分析發現，會導致錯誤的結論和充滿可疑的論證。

無論如何，都應該讓你的分析引導你的建議，而非相反。

　　雖然這聽起來像是常識，但發展你的分析，以支持某種特定政策建議也相當誘人。這種誘惑是因為你如果知道目標何在，就可以幫助你據此做出較令人信服的案子。這個傳統智慧，不一定會應用在政策分析的個案中。最有力的建議是，由那些周密、令人信服且沒有偏見的分析所構成。溝通的企圖不應該以犧牲「實質」為代價[52]。在這方面，Weimer and Vining 提供了一個完美的建議：「將你的主要心力放在分析上，而只將最低限度的心力放在特定政策建議上。……好的分析會產生好的建議；但反之不一定為真。」[53]

---

51 Majone, *Evidence, Argument and Persuasion*, 58-59.

52 有關這項議題，請參見 Arnold Meltsner 的 "Don't Slight Communication," 134-135。

53 Weimer and Vining, *Policy Analysis*, 20.

提出論證的注意要點

受眾與情境

> 為了要有說服力，請注意，我們應隨著特定受眾群來選擇證據與論證。當情境不同時，即使結論相同，也可能需要用不同的方式來證明[54]。

Majone 引用 Walter Heller 舉出了一個例子，這個例子描述了 1961 年時候的經濟情勢，當時有超過五百萬名的失業者，還有將近五百億美元的生產力落差。「經濟顧問的問題不在於他們所說的內容，而在於如何讓人們聽他們說話。只要國會和民眾『知道』他們的見解一文不值，那麼即使總統也無法採用經濟顧問的精闢見解……。人們在接受新的想法、新的象徵和更廣泛的公共利益概念時，他們的心態無疑都受到了制約。」[55] 要瞭解如何說服不同的群眾 (就以接受減稅為例)，確實是關鍵所在。不用說，柯林頓總統自告奮勇要說服人們接受加稅政策，當然就更加困難了。這不僅是目標本身的困難，對於說服人們去相信這個目標很重要這項說法，其實同樣困難重重。

> 當你想要轉化資訊時，要用受眾所想的方式，將你的分析理由轉換到參照系統 (reference system) 中[56]。

例如，假如你向經理人解釋水資源計畫的成本利益，你應該用商業用語，也就是在商業的參照系統下，說明該計畫不具效率的地方，

---

54 Majone, *Evidence, Argument and Persuasion*, 41.

55 Ibid., 39。

56 Behn, "Policy Analysis-Policy Politics," 21.

而不是使用分析術語來說明。在這個例子中，總統可透過企業投資的觀點，向底特律經濟俱樂部 (Detroit Economic Club) 解釋某項水資源計畫是如何沒有效率：例如，倘若「一家私人公司發展一套中亞利桑納計畫 (Central Arizona Project)，而且從聯邦政府那裡獲得每年 3,700 萬美元的補助 (以涵蓋防洪、休閒、魚類與野生動物棲息，以及其他滿足公共利益的事務)，這表示每英畝英尺的水必須耗費 106 美元，且為時超過一百年，這樣才能獲得 0.6375% 的投資報酬率。有哪家企業願意花超過一百年的時間，就只為了 0.6375% 的投資報酬率而投資 20 億美元？答案是沒有。而且也沒有一家企業會真正執行這項計畫，因為每英畝英尺的水實際只能賣 10 到 15 美元而已。」按照 Behn 的看法，「對一個企業主管來說，大力強調這項計畫的無效率性，比起說出它的本益比只有 0.58 更能發揮說服力。」[57]

在提供資料和方法論上的細節給沒有技術背景的受眾時，應使用那些不會令他們感到厭煩的方法，以免他們拒絕，或對分析本身失去興趣。方法論上的細節應該放在註腳或附錄裡，提供給想研究它們的人使用[58]。此外在你進行簡報時，應考慮受眾間潛在的多元性，並且將焦點放在交互主觀的溝通論證上：你的受眾或許具有相同的關心主題，但如何爭取他們的興趣和支持，卻可能隨著他們的文化、社會與個人經驗，而有不同的作法[59]。

藉由關心受眾的真正困境與優先順序，使他們的特殊關切可以獲得滿足。

---

57 Ibid., 23。

58 Meltsner, *Policy Analysis in the Bureaucracy*, 131.

59 Healey, Patsy. "Planning Through Debate: The Communicative Turn in Planning Theory." In *The Argumentative Turn*, Fischer and Forester, 246.

　　這表示在選擇的脈絡中，你應該關心政治的、官僚的和個人的考量 [60]。事實上，這項論證處理的問題是：受眾或客戶如何感受或界定問題，以此對照分析家一開始所設想，適當且具有建設性的問題界定 [61] [62] [63]。由於分析家的問題界定可能和他們不同，因此如果沒有考慮到客戶的問題界定，或如果對應該如何界定問題，一直無法產生共識，那麼論證就可能沒有效果。

　　為了增加說服力，分析家必須瞭解，政治條件會在什麼樣的評估發現中被使用 [64] [65] [66]。主要的條件有二：一是所提出的政策問題，必須符合預期使用者的根本利益，另一是最終的分析發現必須回答該問題。這些條件確實賦予決策者權力，而以犧牲某些評估者的裁量空間為代價，但長期來講，如此獲得的結論才有意義，也因此更具有執行的可能性。

　　在論證提出階段，很重要的一點是，要在各項發現中建立優先順序。在政治操作中：

　　　　優先順序是最核心的事項：不是意識型態，甚至不是一致性或持續性，而是在正確的時間，優先處理優先的事情……。〔對分析家而言〕……另一方面，這不是唯一最難以處理的事情，但我們……有這個習慣，將我們所有成果都以同等謹慎與中性的詞彙展現出來，讓受良好科學訓練的

---

60 Bardach, "Problem Solving," 2.

61 MacRae and Wilde, *Policy Analysis*.

62 Chelimsky, "What Have We Learnt," 32.

63 Geva-May and Pal, "Good fences," 20.

64 Ibid., 23-25。

65 May, "Politics and policy analysis," 101, 1: 109-125.

66 Webber, "Analyzing political feasibility," 14, 4: 545-553.

受眾們感受到成功與信任，而不會有失敗的結果。此外，我們通常用相同的中性語氣來記錄每件事情，連同所謂「完全不利於己」的敘述也不例外[67]。因此，要在一個政策脈絡下，對他們下達命令、修改無關緊要的內容、濃縮內容、排列等級，不僅決定什麼是最重要的分析發現，而且決定哪項政策可以產生最重要作用，但這全都是極難做到的事[68]。

總之，為了能讓你的分析成果與人溝通，最重要的是要能去區分什麼是、什麼不是那些受眾認為重要的事情，以及必須很清楚知道這些發現應該如何或可以如何實現。

在談判後，我們建議分析家要能確定「使用者同意最終的設計，而且瞭解這項研究將以何種方式進行，以及將在結論中可以獲得什麼樣的資訊。」[69]唯有如此，你的受眾才會對你的分析結論感到興趣。

支持者與反對者

若想要「遊說」一套政策分析論證，找出你的受眾並設計出相對應的論證型態，將是很重要的任務。

在分析之後的階段，MacRae 和 Wilde 區別了共識型論述 (consensual discourse) 和對立型論述 (adversarial discourse)。前者是指數個政策提案都是由擁有相同信念的人們所分析，而且在這個階段的後設分析是「被提議的選擇」(proposed selection)。他們的觀點，只

---

67 另請參閱 Cronbach, 6, thesis 49. 引自 Chelimsky, "What Have We Learnt," 23.
68 Chelimsky, "What Have We Learnt," 23-25.
69 Ibid., 34。

有在「較大、較無共識的政治社群中,出現較對立的競爭」下提出政策方案,以及政策提案的提出,是在一個較有敵意的情況下進行,他們才會使用論證。在第一個情況,分析家應該選擇一個合理的政策提案選擇訴求;但在第二種情況,最適合採用的是說服的方式[70][71]。如果能夠體悟這兩種受眾的差別,以及所需要採取的不同策略,應該有助於分析家進行政策推介的任務。

若想要「遊說」一套政策分析論證,光是指出無效率之處或希望在技術上正確無誤,是不夠的。

你應該不只讓你的夥伴感到信服,而且也應讓那些有影響力的選民感到信服[72]。最好能找出那些權利受到侵害的團體,這種自然形成的聯盟有著明顯的淨成本,而且他們也有採取政治行動的經驗或潛力。

專家小組可以發揮非常重要的合法化功能。Chelimsky 就認為,經慎選產生的小組成員,能夠大力強化一項分析,以發現政治可信度,特別當這項研究是在一個充滿爭議的領域中作成時更是如此[73][74]。

在最大的範圍內,要讓支援政策的機構承擔起執行責任。

---

70 MacRae, "Guidelines for Policy Discourse," 296.

71 有關區別不同論述方式的詳細論述,請參見 Fischer, and Forester, *The Argumentative Turn*.

72 Behn, "Policy Analysis-Policy Politics," 24.

73 Chelimsky, "What Have We Learnt,"34.

74 政策分析過程中有關專家參與的完整討論,請參見本書第三章。

Weimer 和 Vining 解釋，為何這個十分清楚的命題為真：因為組織要耗費資源讓政策發揮效果。即使因這個成本已被增加的資源影響力與控制力完全抵銷，但由於組織通常還要擔負額外的責任，以致他們可能不願意將注意力從原來熟知的任務，和已經合作已久的選民中移開。因為有了這些動態性，所以你可能發現，重新打造一個專門從事你的政策執行任務的新組織會是個不錯的作法 [75 76]。

此外，建議要設置「政策領銜者」(fixers) 來監督執行過程，並鼓勵意願不佳的執行人員做好他們的工作。

Bardach 使用「政策領銜者」這個名詞來描述一個與執行組織一起工作的人員，他們監督該組織，並將政策轉化為行動的日常運作過程。這些人可以是外面的顧問和政策相關的分析家，甚至是執行機關內部的政策支援人員。政策領銜者可以不定期地進行計畫查核，例如立法機關委員會裡面的調查人員，他們使用誘因來獲得合作，以確保執行過程可以按既定路線前進，並且符合政策規劃者的原意 [77 78]。

如同「政策領銜者」這個名稱所表現的意義，其主要角色是專門解決問題，也就是將所需資源集合起來，再組合成 Bardach 所述執行生產過程所需之各要素。從高處看，政策領銜者可以提供有價值的回饋給執行人員和政策規劃人員，使他們瞭解政策在實地執行過程中發

---

75 Hargrove, Erwin C. *The Missing Link: The Study of Implementation in Social Policy*. Washington, D. C: Urban Institute, 1975.

76 另請參閱 Weimer and Vining, *Policy Analysis*, 310.

77 Bardach, *The Implementation Game*, 273-278.

78 針對相同主題，也可參見以下著作所提供的例子：Levine and Ferman, *The Political Hand*, Weimer and Vining, *Policy Analysis*; and Levine and Sanger, *Making Government Work*.

生哪些狀況。政策領銜者也可以被用來擴大受限的執行及監督資源的使用。Weimer 和 Vining 用了一個州檢察總長 (attorney general) 的例子，他運用當地的醫師公會協助執行監獄內的新醫療標準。在他們的例子中，醫師公會提供有助於找出潛在違反標準者的資訊，幫助檢察總長集中執法資源[79]。另一個是食品及藥物管理局 (FDA) 管制規章的例子，其中要求藥廠必須設置品管員。他們也授權給品管員，一旦不符合標準規定就可以要求停工。這種設計賦予政策領銜者權力，如此一來，你的政策提案就更有成功機會[80][81]。

考慮運用收編 (co-optation) 策略，讓潛在的反對者保持中立[82]。

收編是指化敵為友，讓潛在反對者投效自己陣營的一種常見政治謀略[83][84]。我們可以讓他們分享政策的功勞，或一開始就指明該構想原本就來自這個反對者，以達到收編的目的。立法機關的共同連署人，就是一個很典型的收編例子，一個具有潛在敵意的立法者，例如委員會主席為了保護自己的政治地盤而可能反對某項議案，如果同意讓其名字放在法案裡，就可能搖身變成支持者。同樣地，顧問委員會或監督委員會 (blue ribbon commission) 的成立，也是想將潛在的反對聲音轉變為具有建設性的團隊成員。

---

79 Weimer and Vining, *Policy Analysis*, 311.

80 Weimer, "The craft of policy design," 11, 3/4: 379.

81 Bardach and Kagan, 在他們 *Going by the Book* 一書中，提出組織自律一些方法，其中一種方法就是指定個人監測所被指派問題責任，例如工安問題，隨著個人被指派咸權，他們的影響力與權力隨之增加。

82 Weimer and Vining, *Policy Analysis*, 299.

83 Ibid., 300。

84 Coyle D., Wildavsky AB. Requisites for radical reform: Income maintenance versus tax preferences. *Journal of Policy Analysis and Management*, 1987; 7, 1: 1-16.

　　無論如何應用這項策略，收編強調過程更甚於實質。它的目標不是要說服反對者放棄他們的觀點，而是藉由讓人們對政策「買帳」，以獲得支持。因此，很重要的一點，是要注意選擇收編策略時的必要前提：必須將潛在反對者找出來，並及早讓他們同意加入。有些人會堅持在政策設計中插手管事，而這代表機會和危險並存，機會是因為將多元觀點納入政策中，可以強化最終的產出；危險則是從內部摧毀一項政策，會比從外部摧毀來得容易。因此，你和你的客戶，必須審慎判斷哪些人應該嘗試加以收編，以及願意為了獲得他們的支持 (或保持中立) 付出什麼樣的代價，而將影響力讓給這些人。

　　有些一般性的經驗法則，也許可幫助你決定何時應該運用這項策略。首先，當政治版圖或個人自我意識是關注重點，而非那些根深柢固的立場或原則問題時，收編策略最有成功機會。舉例來說，「計畫生育」組織 (Planned Parenthood) 就很難收編「搶救行動」組織 (Operation Rescue)(譯者註：一個反墮胎的組織) 去支持一項聯邦生育控制補助計畫，但對於一個希望看到將錢花在乳腺 X 光攝影檢查篩檢的婦女保健團體來說，就有可能將其收編。其次，這項策略還取決於你的客戶並不介意將這項政策方案的功勞與他人分享[85]。在一個功勞被當作重要資產的政治環境中，為了收編所要付出的代價就會變得非常高[86]。

考慮採用妥協方式致使潛在的反對者保持中立。

　　妥協是對政策目標的達成加以讓步的一種方法，目的在增加政治

85 Riker, *The Art of Political Manipulation*, 32-33.

86 分析家應該瞭解收編這個名詞的負面意涵。他應該知道如何在進入他人的參照系統和開始撒謊之間，劃下一條界線。請參閱本書第五章以倫理為中心的討論。

上的可行性。一般而言，你應該盡量減少必要的修正，以便為你的政策提案爭取最低量的額外支持者[87]。在某些例子裡的作法，乃將一項政策中最易觸怒他人的條項刪除，也無損於政策的背後邏輯或基本核心。當有人因為政策本身的優點而想挺身支持，但又擔心此舉會引起政治上的反彈而躊躇不決時，光是語言上的修正就可能大大緩和反對力量。語言上的妥協可以讓政治人物保留面子[88]。例如，想想布希總統在 1990 年的競選活動中，儘管誓言「不會增加新稅」，但 1991 年和國會達成一項五年期預算的協議中，就納入了價值額外數兆美元的新「收入」。其次，你應該就利益 (interests) 而非立場 (position) 來進行談判。這種有益於雙方的妥協就可以考慮。Fisher 和 Uri 提供以色列和埃及之間，就西奈半島 (Sinai peninsula) 的談判做為例子，說明該談判如何促進這兩國的和平條約 (Peace Treaty) 進程[89][90]。

最後，如果為了獲勝而需要的修正幅度很大，且過於嚴苛而難以接受時，那麼可以採用第二種妥協方法：與外部交易，也就是眾所熟知的互相支援 (logrolling)。在這種妥協類型裡，獲得反對者支持 (或保持中立) 的代價，就是你的客戶也要在另一個不同且沒有相關的議題上給予支持 (或保持中立)。它提供可觀的利益以贏得整套政策方案都被採用[91][92]。從歷史來看，這是立法者對於那些只有益於狹隘選

---

87 Riker, *The Art of Political Manipulation*, 引自 Weimer and Vining, *Policy Analysis*, 300.

88 Ibid., 同上。

89 Fisher, Roger and Uri, William. *Getting to Yes: Negotiating Agreement Without Giving In*. New York: Penguin Books, 1983.

90 另一本完整探討談判藝術的著作是 Raiffa, Howard. *The Art and Science of Negotiation*. Cambridge, Mass.: Harvard University Press, 1982.

91 Riker, W. H., Brams SJ. The Paradox of Vote Trading. *American Political Science Review*, 1973; 67, 4: 1235-1247.

92 Weimer and Vining, *Policy Analysis*, 109.

區利益的公共工程計畫，能夠確保他人給予支持的方法。例如，我同意投票贊成你選區的州際高速公路計畫，同時你也同意投票支持我選區的鯰魚養殖場計畫。

事先預期特定政治結果的輸家，會在另一陣地中挑戰此一結果[93]。

　　組織提出訴訟以阻止某項不喜歡的法律生效，這種情形總是不斷發生。一旦組織無法獲得足夠的議員票數來阻擋某項政策過關，他們就會轉移陣地，連同論證基礎也從政治競技場移轉到司法場合。最近有關「言論箝制令」(gag rule) 的辯論，就是一個在政府不同部門轉移陣地的好例子。當美國衛生部規定禁止聯邦政府補助的診所，提供有關墮胎的資訊給患者，數個月之後，國會中贊成墮胎權的議員便提出撥款修正案，防止行政部門將錢花在該項規定的執行上。這項修正案獲得參眾兩院通過，最後只好被總統否決。

　　每當立法機關通過一項讓某行政機關執行的方案，政策就會自動轉移陣地。轉移陣地可提供反對者第二次機會去阻擋他們不喜歡的政策。Chelimsky[94] 表示，土地使用規劃一定要涵蓋下列問題：「誰要執筆研究推薦信？」他觀察到，如果和執行機關保持良好關係，可能成為最終利用者的必要條件，而「和政黨保持關係通常也能提供有用的管道。」不同屬性的支持者對我們的機關目標也有不同的想法，當舊的和新的政策狂熱者或同情者控制了管理機關，或當相反的政策支持者，獲得機關控制權，都會使執行變得中立化。

　　同樣地，當一項新計畫獲得成功，而其政治支持者也擴大勢力時，目標偏移的過程就可能發生。然後，原本對目標就沒有太多承諾

93　Ibid., 298。
94　Chelimsky, "What Have We Learnt," 33.

的人，目標偏移就成為利益團體的新標的物。總之，不要容許目標偏移的情況發生[95]，因為這個累積過程結束後，原本的計畫或方案目標就可能消失無蹤。此外，根據 Weimer 和 Vining 的看法，假如你預期某項政策會在法庭裡遭受挑戰，那麼就要盡你所能地讓這項政策繼續存在下去，因為它還是有轉移陣地的可能性存在，無論如何，Yogi Berra（譯者註：前美國大聯盟傳奇球星，1972 年進入棒球名人堂）的名言都還有效：「真正結束前，一切還未結束」。

論證技術

一般策略

擴展公共政策中的可能界線。

不要被動地接受限制。檢視一下是否有辦法移除或改變現存的限制，然後擴大政策可用的範圍，來處理既定的問題。「這需要與事實相關的資訊以及說服：在既有限制下的政治可行性為何？即使是限制本身，也會受到一般知識的限制，以及公認價值和准許行為之間關係的限制。因此，當民意限定了新思維、新符號，和有關公共利益的新而廣泛的概念後，政策面臨的政治限制便可以紓緩。」[96]

凱恩斯 (Keynes) 在 1930 年代末期，對於戰時財政問題的公開辯論，就是這種雙元途徑的很好例子。根據 Majone 所述，他的論證創造出一種氣氛，也就是認為戰爭和便宜的貨幣，似乎可以和有關當

---

95 International Institute for Applied System Analysis. *Beware the Pitfalls*, 22.
96 有關此一論辯的說明，可參見 Majone, *Evidence, Argument and Persuasion*, 93-115.

局並存。凱恩斯投入大量精力進行教育、說服和舉辦無數會議的工作上。結果他對最初有關強制儲蓄的方案做出一些修正，例如透過家庭津貼來保障家族人數眾多的低收入家庭、穩定基本消費用品的物價，以及戰後募集資本，以便償付強制性的儲蓄及重新分配財富。因此，在辯論和互相說服的過程中進行方案修正，致使凱恩斯的計畫獲得廣泛接受，並且成為英國戰時財政政策的基礎[97]。

當我們所偏好之政策獲得採納的機會渺茫時，就要改變辯論的層面。

這項策略大部分屬於言辭上的問題：少數派可以重新建構問題來改善自身的地位。這項策略需要相當敏銳地瞭解你的客戶所運作的制度。雖然這種知識無法用教導的方式傳授，但我們可從 Riker 的書中舉個例子來說明，這本有關議會技巧的書名叫做《政治操縱的藝術》(*The Art of Political Manipulation*)。當有項法案於 1970 年提至參議院，想阻止美國政府將神經毒氣從日本運送至美國時，法案支持者並沒有足夠票數可以讓法案過關。參議員 Warren Magnusson 於是改變辯論的層面，聲稱投票本身不是和運送武器的危險性有關。他進而指出真正重點是在參議院批准條約的權利。Magnusson 指出預計的船運安排，代表轉換沖繩回歸日本計畫的第一階段，是一項已經侵犯參議院批准條約權利的行動，特別是與日本之間的和平條約[98][99]。

運用議程設定過程，增加我們所偏好之政策獲得採納的機會[100][101]。

---

97 Ibid., 93-94。

98 Riker, *The Art of Political Manipulation*.

99 Weimer and Vining, *Policy Analysis*, 303.

100 Ibid., 302。

101 請參見 Kingdon, *Agenda, Alternatives and Public Policies*, 197-200, and 202; 有關本主題的另一個很好的資料來源是 Riker, *The Art of Political Manipulation*.

　　決策的結構方式會對結果帶來巨大影響。想像一個針對中美洲政策投票的例子，就可證明「投票矛盾」(paradox of voting)。例如，在一個單獨進行的投票過程中，「鷹派」偏好和尼加拉瓜交戰，其次是供給武器給反政府游擊隊 (Contras)，最後才是偏好和平。該團體擁有 10% 的立法機關選票。「務實派」偏好資助游擊隊更甚於獲得和平，最後才偏好戰爭。他們控制了 45% 的選票。控制 45% 選票的「憲政派」，同樣偏好和平更甚於戰爭，但寧願戰爭更甚於資助反政府游擊隊。在這樣的比例下，兩輪投票會產生不同的決策，其中端賴於你先將哪兩個選項配對交付投票而定 [102]。

　　這個既矛盾又有點棘手的結果，顯示成功地對一項議程進行時間配置，會影響一項政策的投票是否通過。由於此處沒有通則可資應用，我們只能建議你要注意議程順序可能帶來的危險與展望。倘若你的客戶沒有議程設定的權力，率先排入議程甚至可能引發更大的問題。Weimer 和 Vining 建議以兩種方法來面對這個問題。首先，你可以用訴諸於議程設定者的方法來設計你的政策提案。這需要對議程設定者的興趣和偏好有基本的正確評價與認知。另外，你也可以動用政治壓力來增加阻撓你的政策所需之成本。然而，如果你的客戶需要依賴議程設定者不斷的善意，那麼後面這項策略的風險就可能相當高 [103]。再者，分析家應隨時警覺議程設定環境所帶來的任何改變或機會。Baumgartener 和 Jones 形容議程設定是一種「間斷均衡」(punctuated equilibrium)，因為議題會不預期地「到達」。當議程改變，假如分析家手邊有政策提案，又能機警地把握住這個機會，他可

---

102 這個例子已經歷時甚久，所以沒有帶任何情感上或政治上的影射在裡面，而且為了假定的目的，我們使用相關黨派的名稱，而非僅用 -x- 和 -y-。

103 Weimer and Vining, *Policy Analysis*, 302-303.

能會讓這個提案獲得通過。不過在安全與外交政策中，方案較有可能在突發危機時發展出來，而不是等待危機發生才去籌畫 [104] [105]。

利用政治窗（political windows）或問題窗（problem windows）來支持你所偏好的政策選項，或藉此吸引大家注意不確定性及特殊問題。

　　窗的開啟要透過「問題流或政治流」[106] 帶來的事件，無論那是預期的或非預期的事件。因此會有所謂問題窗和政治窗，可以提供適當的情境讓你的解決方案依附其上。新的問題可能出現在政策場域，可能是政府改朝換代，或可能出現在受眾的態度上；它也可能是突發的自然災害或一項可預期的法案。有經驗的分析家，應該知道這樣的機會何時會浮現，並且善加利用這個機會。根據 Kingdon 的觀點，不同的政策提案、政治和問題這三者，會進入決策議程而形成「三者組合」(package of three)。在可行性的尺度上，如果你能在這三者間進行連結，那麼你的論點就較有可能被接受。

　　另一方面，由於政策窗的稀少性和短期性，因此各種政策提案支持者可能都會出現，「結果這個系統盡是承載了各種問題與提案。」[107] 在這個情況下，關鍵字是策略能力 (strategic capacity) 和資源 (resources)：你應該確保一旦政策窗來到你面前時，你手邊有足夠

---

104 Baumgartner, Frank and Jones, Bryan. *Agendas and Instability in American Politics*, Chicago: Chicago University Press, 1993.

105 有關最後那個議題的一項有趣討論，可參見 Durant, R. and Diehl P. Agendas, alternatives, and public policy: Lessons from the US foreign policy arena. *Journal of Public Policy*, 1989, 9: 179-205.

106 這是 Kingdon 做出的區別，請參見 *Agenda, Alternatives and Public Policies*, 203. 作者對政策窗提出詳細的討論 (頁 165-190 以及頁 203-204)。在策略層次，我們認為在進行政策解決方案的推廣時，這個議題具有特別的重要性。

107 Ibid., 204。

的方法可以應付，否則將錯失等待已久的機會。

要注意，決策者是很難理解描述性論證之重要性的。

Chelimsky 提供一個她擔任美國會計總署 (GAO) 評估部 (Evaluation Department) 主任的親身經驗，她說：

> 我非常驚訝，要說服政策制定者瞭解某些描述性資訊的重要性，是有多麼困難。我們在進行有關有害廢棄物的任務時發現，我們連這個國家每年製造多少百萬公噸的廢棄物都不知道。類似「問題的規模有多大」，「有多少人和某計畫相關」，「他們擁有哪些特徵，他們獲得哪些服務，以及他們對這些服務的感受如何」等問題。或舉一個技術交流計畫的例子來說，像是「有多少訊息被送出去」，「誰送出訊息以及誰接收訊息」等，這類問題都沒有被一些機關提出來，如此一來，一旦國會要求提供一些有關計畫效益或效應等更複雜問題的答案時，就更無法充分回答了[108]。

另一方面，如果決策本身不需要高度精準，以及如果影響決策的其他因素並不精確，那麼建議分析家就不要將目標放在高層次的統計意義上[109]。雖然「在大的樣本規模下，實驗組和比較組之間二或三個百分比之間的差異，固然有統計上的顯著性，但對於根據這些資訊制定決策的官員來說，這樣的差異常常不會被認為有那麼重要。」[110]

---

108 Chelimsky, "What Have We Learnt," 28-30.

109 Hatry, Harry P. "Pitfalls of Evaluation." In *Pitfalls of Analysis*, Giandomenico, Majone and Edward, S. Quade, eds. Chichester: John Wiley & Sons, 1980, 171.

110 Ibid., 172。

分析家應該說明資料假定和計算背後所存在的不確定性，而且應該以適當的敏感度來運用這些資料。

　　舉例來說，美國環境保護署 (Environmental Protection Agency) 想知道汽車觸媒轉換器，是否會產生導致人體健康危害的硫酸排放，以及如果延後執行法定排放標準能否因此被合理化。由於我們無法對人體暴露於空氣中硫酸的影響，進行直接測量，因此分析家使用一種一氧化碳傳布模型，模擬行人在正常和逆風狀態下的顛峰每小時暴露量。這個假定產生了一個不太可能發生的景象。他們的結論是：在特定四年內裝設觸媒轉換器的情形中，所有模型都顯示風險超過利益。使用者向車廠施壓要求加裝轉換器[111]。分析家在判斷可以接受的資料正確性程度，以便做為證據之用時，應該對不同的資料類型採用不同的標準：例如，自然科學在估計地球年齡時，十億年是可接受的誤差，但物理學的一個常數值，我們就知道要有高度精確性[112]。

同樣地，你對於你的分析結果擁有多少信心，也應該清楚說明。

　　你要在報告中說明分析產生的機率或數值範圍是多少，而不僅有分析結果本身而已。例如，當我們使用迴歸分析時，按照規則，你在估計重要政策變數時，就需說明 P 值係數和係數的關係，也就是發現兩個或兩個以上隨機變數之間關係的機率值大小。你也應該概述如何質疑資料的可信度、假定的強度，以及其他應該附加在分析結果中，具有分析重要性的特質[113]。

111　International Institute for Applied System Analysis. *Beware the Pitfalls*, 18.

112　Ibid., 18。

113　House, *The Art of Public Policy Analysis*, 129.

此外，在不確定性之下計算成本效益論證的議題時，要能確認你對於不確定性的主要來源都了然於心。

　　不確定性的來源，很少源自未來可能改變環境的這個事實，因為我們甚至在這個可觀察的環境中也懷疑估計結果，因為每個場所各自不同，我們很難從別處的經驗推論到眼前面對的政策問題。因此，分析家應該試圖用機率值來限定估計結果。他們也應該檢定估計值的敏感度，以便修改「假定的」參數，並且要對那些特別關心分析結果的人士 (或政治利益團體)，提供特別的預估利益及成本之說明 [114]。

對於政策問題的全方位解決方案要能抱持警覺態度。

　　政治受眾都太熟悉大計畫了，例如承諾要提供全方位健康照護改革的方案，或全面改革數學與科學教育的提案。May 稱這些為「一次全方位」的解決方案，他並且舉出兩個避開它們的好理由。首先，很少有政策能夠避免在各個價值的目標之間進行取捨 [115]。一項目標的成就可以帶來其他所有目標的達成，是不可能的事。第二個相關的理由，一項政策不太可能按照原定承諾，而就問題的每個層面都展開行動 [116]。我們可以想想市中心區域公立中小學教育成果評量成績 (educational achievement score) 不斷降低的問題。全面解決這個問題的方法就是：確保到校學生都很健康；確保他們受到保護，避免他們在校內和校內因毒品加上犯罪 (而且常常帶來致命性) 而造成分心；以及家長要主動支持他們小孩的學習狀況。我們很難想像能否真的找

---

114 Bardach, "Problem Solving," 3.

115 May, "Hints for crafting alternative policies," 7, 2: 234.

116 Ibid., 234。

到一個單一全方位政策，可以處理這個問題的所有重要層面。

瞭解政策問題面臨的實際限制，可能對全方位的提案有不利影響。它可能限制我們走向漸進式的政策方案。漸進主義令人窒息的本質是相當明顯的，因為務實作風通常會扼殺初萌的創新想法。但瞭解侷限性乃是優秀分析的基礎，基於這樣的認識，可幫助我們將資源導向可以發揮最大效用的地方。這裡就指出了懷疑全方位政策提案的第三個原因：它們常伴隨著高昂的價格標籤。舉例來說，管理預算局 (OMB) 可能估計全面健康保險要數十百億美元。但是，無論從財務或影響的觀點來看，那些範圍受限的政策無疑更有可行性。

溝通技巧

在提出論證時，建議分析家寧願失之廣泛，也不要減少或去除支論證 (sub-arguments)[117]。

分析家透過提出適當類型的支論證，希望說服其他人使用他們的邏輯並分享所得的結論。例如，某項方案比其他方案更周全或更合用。Bardach 建議使用描述性和詮釋性論證，也就是有關特定準則的相關性、某項方案的描述、多屬性論證的成本效益論證等等 (參閱圖 12)[118]：

- 描述性和詮釋性論證應該保持簡明，同時又不失創造力和想像力；
- 有關某些準則 (criteria) 適當性的論證，可能是要說服客戶去排除不相關或不適當準則時的一種規範性或評估性的判斷；

---

117 Bardach, "Problem Solving," 1.

118 Ibid., 2。

- 方案的描述，可僅呈現在概念層次或概念加母體的層次，以管制對市場誘因做為解決汙染為例。母體上的選擇不多且其不影響方案的基本特徵通常較簡單，進一步而言，保持現況常被明顯地考量為方案之一。
- 多屬性論證程序意指排除某些方案，更密切地比較各方案，且強調某些成本利益推估值的細節，建立一套權重系統以釐清某些方案的主導性，同時使準則具可衡量性。

當要真正提出書面論證時，你應該做出下列陳述：

- 受眾的決策問題為何；即使他們對此毫無知覺；
- 改善標準何在，以及使用這些標準來評估方案；

圖 12 次論證的類型

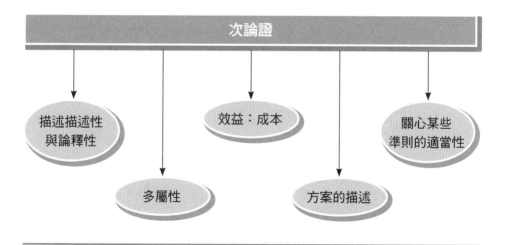

- 提醒受眾注意決策問題，要瞭解有些重要事物的特質並未納入此處，或雖被納入，卻由於新的重點而必須重新加以敘述[119]。

你的結論也許會被做為一項預測、一項議題的澄清、一項建議、一項進行中政策的評估、一個新觀念，或舊政策問題的不同觀點[120]。

在所有情況下，你要根據你所說明政策提案的受眾，決定論述的型態，無論它們是概念式或對立式[121]。

為了讓分析家的話具有說服力，他都應該明確指出。

a. 以清晰且合乎邏輯的方式，提出政策論證的假定和證據，並由此引導出你的政策結論。

許多大規模的電腦模型已被批評為一種「黑盒子」，因為裡面創造了證據並從中獲得政策結論，卻沒有讓受眾有任何機會能夠瞭解：這個模型所使用的假定是什麼。這類模型也許在公共政策裡有用而且有效，但只有提供清楚的故事給政策受眾，他們才能判斷這個模型所發展出來的證據是否可信[122]。 Rein 認為這個有關政策選擇的「說故事」途徑，應該融合正面及規範性敘述、融合隱喻及建議[123]。

---

119 Bardach, "Problem Solving," 2.

120 International Institute for Applied System Analysis. *Beware the Pitfalls*, 8.

121 MacRae and Wilde, *Policy Analysis*, 295.

122 Majone, *Evidence, Argument and Persuasion*, 51-52.

123 Dryzek, John S. "Policy Analysis and Planning: From Science to Argument." In *The Argumentative Turn, Fischer and Forester*, 226.

b. 你的描述性和詮釋性論證，都應該附帶統計資料、軼聞、解釋性的命題、有根據的詳細方法論，以及各種資料，而且也應該：

避免不知所云 [124] [125] [126]，也就是說，論證背後的分析結構應該讓每個仔細研究它的人都覺得清楚明白，但對那些不想被干擾的人士而言，又應該顯得微不足道。Meltsner 認為除了讓那些想研究它們的人士隨時可得外，實在不應將細部資料強加於受眾身上。

分析家要避免分析結果的複雜性超過必要程度 [127]。重點在於盡量清晰簡潔地回答政策問題、強調關鍵的數字以符合不同觀眾需求，及將這些發現重點化以進行政策的行動 [128]。為了讓政策制定者有效地取得清晰且有用的發現，分析家必須摒除晦澀的分析。這不僅是由於政策制定者不瞭解它而顯得重要，更由於對他們而言，這似乎在暗示這是在某些私人俱樂部，某些「特殊的」理解，或某些將他們排除在外而難以理解的儀式。這不僅帶來不安，而且也會在整個評估過程中激怒了評估人員。對使用分析發現者來說，評估報告的可理解性，是至關重要的 [129] [130] [131]。

此外，在論證簡報階段，當分析家從政策問題一開始出現而回到政治場合時，

---

124 Bardach, "Problem Solving," 3.

125 Chelimsky, "What Have We Learnt," 32.

126 Meltsner, "Don't Slight Communication," 131.

127 International Institute for Applied System Analysis. *Beware the Pitfalls*, 16.

128 Chelimsky, "What Have We Learnt," 34-35.

129 Ibid., 26-27。

130 Meltsner, "Don't Slight Communication," 131.

131 Bardach, "Problem Solving," 3.

（他發現）呈現分析發現最有效的一個方法，便是重新找出軼聞，也就是透過特殊的案例和類推方式來說明一般性的發現，如此可以生動地讓焦點集中，進而有助於解釋較大的論點。當然，這是一種完全不同的軼聞使用方式。他們在這裡不光只是站在那裡回答政策問題，而是做為範圍更廣大的評估證據的代言人，以解釋整個分析發現，增進政治上的理解與安逸感，更重要地，是要提高評估發現被採用的可能性[132]。

c. 在提出報告時，同時盡量提供口頭溝通的內容。

Chelimsky 提出：

這是對政策制定者覺得最自然的報告風格，尤其是對國會山莊的立法者而言。國會幕僚和國會議員都必須傾聽選民和遊說者的話，他們不僅透過閱讀，還會透過和幕僚及同事的交談、舉辦委員會聽證會、個人和廣泛人士的互動等方式，蒐集想法並形成判斷。在這種環境下，口頭簡報就非常重要的；作證可能比一份重要報告更為有效。我們現在看到，錄影帶已經被用來幫助調和以下的緊張關係：一個是對文件的需要，另一個是方便表達與理解的需要[133]。

---

132 Chelimsky, "What Have We Learnt," 24.
133 Ibid., 24。

總結：主要觀念大意

 13 摘要圖

A. 分析家：角色與條件

- 將自己視為政策論證的提出者，而非問題的解決者。
- 形塑可信度。
- 為了建立論證，確定你已經瞭解所需的概念、理論、資料和技術性工具，如此才能言而有據。
- 一旦完成分析，接著採取支持途徑以增加論證的影響力和有效性。
- 讓分析結果決定政策建議，而非反其道而行。

↓

B. 提出論證的注意要點

↓　　　　　　　　　　　　　　　　　　　↓

支持者和反對者	受眾與情境
- 不但要試著去說服你的同事，而且也要去影響那些有影響力的選民。 - 將執行責任分配給支援政策的機構。 - 建議要設置「政策領銜者」來監督執行過程，並鼓勵不願意執行的人員做好他們的工作。 - 考慮運用收編策略。 - 考慮適時妥協。 - 不容目標遭到扭曲。 - 事先預期特定政治結果的輸家，會轉移陣地來挑戰此一結果。	- 隨著特定受眾群來選擇證據與論證。當情境不同時，相同結論可能需要用不同的方式來證明。 - 要用你的受眾所想的方式，將你的分析理由轉換到參照系統中。 - 藉著去關照受眾的真正困境與優先順序，使他們的特殊關切可以獲得滿足。

↓

13　摘要圖（續）

C. 論證技術

- 擴展公共政策中的可能界線。
- 當我們所偏好之政策獲得採納的機會渺茫時，就要改變辯論的面向。
- 運用議程設定過程來增加我們所偏好之政策獲得採納的機會。
- 善用政策窗。
- 分析家的論證必須清晰才能具有說服力，換言之，他應該：
  - 以清晰且合乎邏輯的方式提出政策論證的假定和證據；
  - 提供統計資料、軼聞、解釋性的命題、有根據的詳細方法論以及各種資料；
  - 避免不知所云；
  - 在提出報告時，同時提供口頭溝通的內容。
- 當要真正提出書面論證時，你應該做出下列陳述：
  - 你的受眾的決策問題為何；
  - 你的改善標準何在。
- 在提出論證時，建議分析家寧願失之廣泛，也不要減少或去除次論證。
- 要注意決策者是很難理解描述性論證之重要性的。
- 明確指出資料假定和計算之背後所存在的不確定性。
- 注意不確定性的主要來源，並以適當的敏感度來運用不確定性。
- 對於政策問題的全方位解決方案要能保持警覺。

Chapter 5
終結的執行

引言 [1]

關於政策方案的執行，本書已經著墨甚多，但在 Bardach, Pressman 及 Wildavsky, Hogwood 與 Gunn 等學者所建構的理論模型中，對於政策執行所面對的真實世界環境，並未抱持非常樂觀的看法 [2][3][4][5][6][7][8]。即使以

---

1 關於引言論點的進一步討論，請參閱以下各節，讀者亦可參閱參考文獻，它們印證並擴大在本章中所討論的各個議題，同時也反映了政策分析領域中普遍的觀點。

2 Bardach, *The Implementation Game*.

3 Edwards, George C, Sharkansky, Ira. *The Policy Predicament: Making and Implementing Public Policy*, San Francisco: Freeman, 1978.

4 Pressman and Wildavsky, *Implementation*.

5 Ernest R. Alexander, Improbable Implementation: The Pressman-Wildavsky paradox revisited, *Journal of Public Policy*, 1989,9:451-465.

6 Levine and Ferman, *The Political Hand*.

7 Hogwood, Brian W. and Gunn, Lewis A. *Policy Analysis for The Real World*, Oxford: Oxford University Press, 1984.

8 Geva-May, I. Till Death Do Us Part: The Conceptualization of Termination in Public Policy Literature; CSHE: UC Berkeley, 1993 (1995).

Levine 及 Sanger[9] 所持較為樂觀的觀點而言，他們認為：為了讓政策得以執行，政策目標設定了行政機關的執行標的，對於執行過程中可能面臨的問題也必須事先加以預測因應。唯如同他們所舉出的反諷性例證，雖然已經投入數十億美元進行愛滋病疫苗的研發，但來自於管理上的阻礙，可能足以摧毀其中一項迅速且有效的免疫計畫。因此，他們主張執行的方式應該事先妥善規劃。

　　政策方案的範圍從改革到政策的調適或變遷，乃至於可能採行的終結[10][11][12][13]。一般而言，執行可視為方案實現的過程，以及計畫或概念的落實，或如同 Wildavsky 及 Majone 所言，是一種演化的過程：

　　　　當我們執行一項政策時，我們也正在改變它。當我們改變資源所投入的數量或型態時，也可以預期到政策的產出將隨之改變，即使這樣的改變僅是回歸到原先設定的軌跡中……，這樣的修正畢竟會形成差異，如此一來也會改變我

9　Levine and Sanger, *Making Government Work*.

10　Abrahamson E. Managerial fads and fashion: the diffusion and rejection of innovation. *The Academy of Management Review*, 1991; 16, 3:586-612.

11　Amburgery TL, Dencin T. As the left foot follows the right? The dynamics of strategic and structural change. *The Academy of Management Journal*, 1994; 7, 2:123-131.

12　Barzelay M, Armajani BJ. Managing state government operations: changing visions of staff agencies. *Policy Analysis and Management*, 1990;9, 3:307-338.

13　D'Aveni RA. The aftermath of organizational decline: A longitudinal study of the strategic and managerial characteristics of declining firms. *Academy of Management Journal*, 1989; 32, 3:577-605.

們的政策理念與政策產出……[14] [15] [16]

政策執行、調適與變遷三種型態所面對的執行考量與策略，雖然相似且能彼此通用，不過相較於政策終結過程所遭遇的爭論，兩者間仍有相當大的差異。政策終結雖為政策循環中的一環，然卻極少成為執行過程中所採納的選項[17] [18] [19] [20] [21] [22] [23]。政策分析家與決策者有義務終止無效能或無效率的政策，但是正如同 Bardach 所指出，我們很少見到終結某些政策的明確決定，這證明只有極少數的人試圖這麼做[24]。

關於終結這個主題，不僅在公共政策中受到迴避，即使在政策分

---

14 Majone, Giandomenico and Wildavsky, Aaron, B. "Implementation as evolution." In *Implementation*, 3rd ed. Jeffrey L. Pressman and Aaron B. Wildavsky, eds. Berkeley: UC Press, 1984.

15 Hogwood 與 Gunn 建立了一個「完美執行」的模型，他們敘述了此類執行的先決條件，並評估在現實環境中的可能性。這些條件包括：沒有不能克服的外在限制、適當的時間與充分的資源、具備必須的資源組合、有效理論為基礎的政策、原因與效果間直接而清晰的關係、依賴關係的極小化、對目標充分的理解與同意、明確且正確的任務順序、完美的溝通與合作、權力與順服。事實上，在作者模型中指出，現實世界裡很難滿足這些先決條件。Hogwood and Gunn, *Policy*. 也可參照 Pal, *Public Policy Analysis* 對此模型的採用。

16 Pal, *Public Policy Analysis*.

17 Brewer, "Termination: Hard choices," 38,4:338-344.

18 Cameron, James M. "Ideology and Policy Termination: Restructuring California's Mental Health System." In *The Policy Cycle*, Judith V. May and Aaron B. Wildavsky. eds, Beverly Hills: Sage, 1978.

19 May, Judith V. and Wildavsky, Aaron B. eds, *The Policy Cycle*. Beverly Hills: Sage, 1978.

20 Bardach E. Policy termination as a political process. *Policy Science*, 1976; 7, 2:123-131.

21 Behn, "How to terminate a public policy," 4,3:393-413.

22 deLeon, "Theory of Policy Termination."

23 Biller, "On tolerating policy and organizational termination," 7,2:133-149.

24 Bardach, "Policy termination," 7,2:128.

析或行政與管理學領域的文獻中，也是個較為罕見的討論議題，這或許是因為學者認為，建立在「不常出現的現象上」的研究不易形成通則的緣故[25][26]。不過，本章試圖分析抗拒採取終結手段的原因，並將專注於政策分析家或決策者所可能採行的終結策略，以有助於終結的執行。套用 Levine 及 Sanger 的話來說，我們試著去界定終結在執行過程中所可能面臨的問題，並提出得以克服這些執行困境的方法與手段。

　　關於終結的政策分析文獻儘管少見，但藉由對政策、組織與計畫的相關終結案例探討，也足以讓我們形成並綜合出一些有用的結論。而在這些文獻中，展現出終結策略極少受到青睞與倡議的原因，並對終結的策略形成一些明顯的共識。普遍的共識是：政策分析家與行政首長不願意採行此類執行選項，乃基於一些重要的原因。針對這些逃避終結的理由，可將之區分為兩類主要的既存概念模式：第一類與組織追求持續與穩定的傾向有關，如藉由掩飾 (動態運作的假象、秘密、隱諱不明、技術或科學的光環等)、反終結 (anti-termination) 聯盟的形成、執行計畫機構或政策取向的制度化等[27][28][29]。第二類則與昂貴的成本有關：包括長期或短期的情感、政治、法律、財務成本[30]

25　Ibid., 128.

26　deLeon, "Theory of Policy Termination."

27　Lynn, *Managing Public Policy*.

28　March and Simon, *Organizations*.

29　Wildavsky, *Speaking Truth to Power*.

30　deLeon, "Theory of Policy Termination."

31 32 33 34。透過相關的研究成果，使我們瞭解如何使用必要的策略以對應組織持續、抗拒的方式，或避免負擔昂貴成本的技巧。

本書將終結視為一個執行的選項，而不僅僅將之置於普遍的執行過程中來討論。除了作為執行方案中的案例外，更重要的是，透過終結，才能使政策分析成為學習的過程而顯示出其有效性。終結的執行，意味著政策分析在實際上已經達到學習的效果，決策者藉由分析的方式能將事情作得更好；反之，如果政策永遠都不會被終結，那麼政策分析就一點作用也沒有了。所以政策分析所能帶來的好處在於：當政策、制度或計畫已經出現有害或無效率的情況時，瞭解並面對複雜的終結執行，確實是一件重要的事。

本書對於相關文獻的回顧與整理，並不代表這些策略是能適用於任何情況的最大公約數，包括需求與限制、實際的情況與面對的顧客，都會深深影響政策分析家對倫理衝突與價值判斷的審酌，進而左右其規劃的路徑。認知到終結策略可能被採納或修正，將有助於提高從政策分析過程中汲取經驗學習的信心，並勇於建議或採納大膽而負責的決策，這些在政治慣性盛行或安逸組織中是不適用的。

---

31 Foster JL., Brewer GD. And the clocks were striking thirteen: The termination of war. *Policy Sciences*, 1976; 7,2:225-243.

32 Frantz JE. Reviving and revisiting a termination model. *Policy Sciences*, 1992;25,1:175-186.

33 Ellis CL. Program termination: A word of the wise. *Public Administration Review*, 1983; 7, 2:352-357.

34 Behn, "Closing the Massachusetts public training schools," 7,2:151-171.

未能終結 (non-termination) 的理由

> 在研議終結計畫書階段，不妨思考試圖終結者只有相對少數人的原因為何[35]。

　　這樣可以讓你避免誤入一些常見的陷阱，Bardach 認為很少會見到終止某些政策的明確政策決定，這證明只有極少數的人試圖這麼做。對於這個現象他提出了五個解釋的理由：政策初始的規劃、環繞議題所出現的殘酷衝突、政治人物不願意承認過去的錯誤，以及不願意傷害既存的計畫執行機構，或缺乏有效的政治誘因[36]。在 deLeon 的終結探索中，發覺終結國家漢生病 (痲瘋病) 中心 (NHDC) 耗費長達七十年的長期努力經驗，於是提醒政策分析家必須謹記在心：由於理智上的不情願、制度上的持續性、動態的保守主義、反終結聯盟的形成、法律上的阻礙，以及極高的推動成本等因素，政策終結的規劃與執行都是極為困難的[37][38]。

　　Bardach 明確地指出：相關人士不情願終結政策或相關計畫、制度的理由中，deLeon 及 Frantz 將之歸納為兩種主要趨勢，一方面是組織維持持續的慣性，另一方面則是成本因素，即包括情感上、政治上、法律上及財務上的因素[39]。這些因素將在以下進一步仔細說明。(參閱圖 14)

---

35 Bardach, "Policy termination," 7,2:128.

36 Ibid., 128-129.

37 deLeon, "Theory of Policy Termination." 279-300.

38 Frantz, "Termination model," 25,1:180-186.

39 Geva-May, "Till Death Do Us Part," 1.

14　未能終結的理由

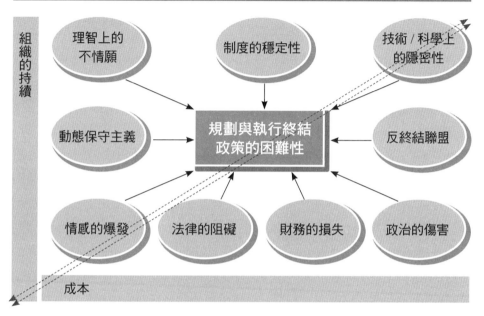

組織的持續

考慮計畫執行機構。

　　我們必須瞭解，即使贊同終結 (pro-termination) 的聯盟，也往往不情願去傷害既存的計畫執行機構，因為在無法確信取代的方案將會更好的情況下，此舉將會打擊組織的士氣 [40]。Bradley 認為這是在心理健康層面缺乏改革意志的原因，且 Behn 在麻州少年機構的個案中也指出相同的因素。即使在試圖終結戰爭的個案中亦是如此：抗拒的

40　Bardach, "Policy termination," 7,2:129.

來源通常來自國內，因為如此一來，將削減軍事行動進一步發展的機會。Cameron 就以國防政策為例，觀察到「直到形成國防政策的條件已經改變，制度化的機制已經建立……這些已經成為社會結構的一部分，也部分來自於已存在的正當理由，所以無法被終結。」**41 42 43 44**

考慮政策定向。

　　除了後設分析層次外，任何政策的執行都是困難的，其部分原因來自於政治決定與政策執行的組織定向不同所致。Lynn 就觀察到「決策與行動發生在高、中、低等各個階層，即使是對決策或終結議題極為關心的行政首長，也會受到上級、外界及下級等各個層面所發生之政策賽局 (games) 的影響，進而限制其決策的形成與行動的採行」**45**。一般而言，組織中的執行被視為一種「拼湊式的執行」(mosaic implementation)**46**，同時也是策略考量與官僚體系運作規則彼此互動的一部分，即使終結的決定來自於最高管理階層，或中、低階層認為極為需要，但因受制於其他中低階層的行政部門政策或官僚體系的運作規則所影響，該決策仍可能會脫軌失敗。另一方面，組織所面對政治情勢的轉變可能影響支持力量的消長。Castellani 就指出紐約州六個大型心智成長遲緩照護機構的關閉，係由於決策者的支持流

41　Bradley RP. Policy termination in mental health: The hidden agenda. *Policy Sciences*, 1976;7,2:215-224.

42　Behn, "Closing the Massachusetts public training schools," 7, 2:151-171.

43　Foster and Brewer, "The termination of war," 7,2:225-243.

44　Cameron,. "Ideology and Policy Termination," 301-329.

45　Lynn, *Managing Public Policy*., 157.

46　此名詞引自 Nakamura, RT. The textbook process and implementation research. *Policy Studies Review*, 1987;7,1:142-154.

失，以及政策行動者的組成有所改變所致[47]。最後，由於行動者個別
的定向與利益，可能促成或延宕不明確的執行政策終結意圖[48][49][50]
[51]，這在敏感的終結個案中更是如此。

考慮這個事實：政策革新方案的提出，規劃一個持續的不可知未來。

　　政策分析家必須考慮到：公共政策具有長久性，因為所有的制度
都有自行維持與不斷持續的傾向，即使面對的是支持終結的相關資訊
時亦是如此[52]。延續韋柏的古典模式，在 Simon 與 March 以及其他人
所呈現的組織行為模式中，都特別強調此種組織傾向，他們宣稱組織
結構是由組織中固定的行為模式所構成，且具有相對穩定與變遷緩慢
的特性[53][54][55]。正如 Wildavsky 與 Lynn 所指出，原因之一為組織與
個人傾向於避免不確定性，優先選擇最低限度滿足的方案，並遵循妥

47 Catellani PJ. Closing institutions in New York State: Implementation and management lesson. *Journal of Policy Analysis and Management*, 1992;11,4:593-611.

48 Bardach, "Policy termination," 2:123-131.

49 May, Judith V. and Wildavsky,. Aaron B. eds, *The Policy Cycle*, Beverly Hills: Sage, 1978.

50 Thompson FJ. "Implementation of health policy: Politics and bureaucracy." In *Health Politics and Policy*, Litman, TJ. and Robins, LS eds. New York: Wiley, 1984.

51 Geva-May, "Till Death Do Us Part," 15.

52 Ibid., 181.

53 March and Simon, *Organizations*.

54 Gerth and Wright, *From Max Weber*.

55 關於這個議題的進一步討論可以參考：

Downs, Anthony, *Inside Bureaucracies*, Boston: Little, Brown and Co.,1967.

Kaufman, Herbert, *Time, Chance and Organizations*, Chatham NJ: Chatham House Pbl., 1985.

Perrow, Charles, *Complex Organizations: A Critical Essay*, 2nd ed. Glenview, IL: Scott, Foresman, 1979.

當與有用的行為規則[56][57]，「就好像人的心靈尋求秩序，藉以降低不確定性、複雜性與不穩定性，組織內部的安排也是如此設計」[58]。

考慮迴避終結的方法[59]。

- 繼續投資：已在現存的機構投注大量的資源與預算，可使政策與組織持續運轉，而與特定人事的流動脫勾[60][61][62][63]。

- 秘密與隱諱不明：deLeon 以國家漢生病中心為例，說明其為組織上與地理位置上隱諱不明的機構。漢生病患被認為應該在隱密的環境中接受治療，而地理位置的隱密性強化了其慣有的趨勢。此外，技術與科學上的議題也有助於國家漢生病中心的持續，因為相關的決策者與社會大眾都不會去質疑被視為是專家的決定，在這個特殊的案例中，照顧與治療漢生病患的妥善政策是基於對複雜細菌 (痲瘋桿菌) 的瞭解，所以沒有人願意去啟動終結的程序[64][65]。

- 「象徵性的改變」與動態的表現：透過看似保持動態運作與引進僅為象徵性的改變，機構就有能力足以維持現狀、避免終結。目前，我們看到愈來愈多試圖終結機構或政策的努力，特別是在政府部門中。但更進一步觀察，可以發現它們實際上僅是改頭換面或重新構組，並沒有在既存的網絡中終結。

56　Wildavsky, *Speaking Truth to Power*.

57　Lynn, *Managing Public Policy*.,

58　Ibid, 84.

59　Geva-May, "Till Death Do Us Part," 10..

60　Biller, "On tolerating policy and organizational termination," 7,2:133-149.

61　Bardach, "*Policy termination*," 7,2:128.

62　deLeon, "Theory of Policy Termination," 279-300.

63　Frantz, "Termination model," 1:181.

64　Ibid.

65　deLeon, "Theory of Policy Termination," 279-300.

在 deLeon 所舉出的案例中，國家漢生病中心的建立是為了預防漢生病 (癩瘋病) 的散播，而當這項任務不再是存在的正當理由時，這個機構面臨了終結的危機。此時，就提出另一個合理化的理由：除了提供現已年長 (但少數) 的病患安置照顧之外，這個機構也開始提供其他疾病的相關服務，他們把病患的照顧擴及到糖尿病，以及其他神經方面的疾病。雖然這不是國家漢生病中心原來的功能，且所增加的服務項目也可由其他機構提供，但卻為機構開拓了新的領域，成為避免終結的最佳理由。現代化工作場所的誘因、研究設備的提供，及聯邦工作機會的提供，足以消弭專家與研究人員的恐懼，並瓦解可能形成的聯盟[66][67]。

Ellis 對邁阿密騎警隊的研究也指出同樣的現象[68]，即使已經做出終結的決策，騎警巡邏依然基於所形成的氛圍等其他理由而持續進行，並累積了一些支持者。

成本

對此必須謹記在心：終結的建議有很重要的政治、情感、法律與財務意涵，這些意涵不僅是來自於其他執行上的因素，更是基於避免終結方案所帶來的各種成本[69][70][71][72][73]。

66 Frantz JE. Reviving and revisiting a termination model. *Policy Sciences*, 1992;25,1:182.

67 deLeon, "Theory of Policy Termination," 279-300.

68 Ellis, "Program termination," 7,2:352-357.

69 Frantz, "Termination model," 25,1:175-186.

70 deLeon, "Theory of Policy Termination," 279-300.

71 Ellis, "Program termination," 7,2:352-357.

72 Foster and Brewer, "The termination of war," 7,2:225-243.

73 Hogwood BW. and Peters BG. *The Pathology of Public Policy*. Oxford: Claredon, 1985. 也可參考 Hogwood BW, Peters BG. The dynamics of policy change: Policy succession. *Policy Sciences*, 1982; 14:225-245.

情感與政治成本

> 瞭解這個事實：政策分析家與政治人物通常都會試圖遠離終結方案所形成的衝突，這些衝突係來自於雙方的激烈情緒，以及方案本身的無法成功性與殘酷性[74]。

　　以色列總理拉賓在 1995 年 11 月遭到暗殺，就是一個悲劇性的例子，為了遵循與巴勒斯坦解放組織所簽訂的奧斯陸協議，他準備由約旦河西岸的城市撤離，結束長達三十年的政治與領土現狀，這樣的終結決定是極右派者所無法接受的，無論是基於宗教上或政治的理由。激烈的情緒不斷升高與暴力化，最後出現了恐怖行動，並使以色列境內的緊張關係不斷。

　　潛在的反終結聯盟往往被預估為具有很大的影響力，最好不要與之對抗[75]。Bardach 認為反終結聯盟的特殊影響力，來自於民眾道德上對終結的厭惡感，他們反對對過去習以為常的事進行「審慎的終止安排」。這樣的終止安排會激起對受害者的同情，以及對機構改造的強烈憤怒情緒。Ellis 的論文也闡明了選民反對終結的情緒以及對被終結對象的同情這兩股力量：在研究個案中，由於強烈情緒的介入，使得政策無法按照原訂計畫實現，該計畫僅部分執行就耗費數年的光陰[76]。Bardach 也觀察到同樣的理由：美國憲法禁止政府缺乏「正當程序」(due process) 的行為，美國行政程序法禁止政府專斷與朝令夕改，因此加諸政府的道德重負使其傾向於持續，且終結方案的倡議更顯現其脆弱性[77]。

---

74 Geva-May, "Till Death Do Us Part," 22.

75 Bardach, "Policy termination," 7,2:128.

76 Ellis, "Program termination," 7,2:352-357.

77 Bardach, "Policy termination," 7,2:128.

牢記政治領導者不情願承認過去的錯誤。

　　政治公職人員有其心理上的負擔，強烈反對任何的可歸責性。Foster 與 Brewer 舉越戰為例，由於同樣的理由而使戰事延續許久。相同的假設也適用於解釋為何研發計畫通常僅是逐漸萎縮，而非遽然遭到預算的刪除。即使是從未涉入決策的領導者也會被質疑：「如果真的這麼糟，為何你還會讓這個政策持續這麼久？」[78] 更何況沒有政治人物願意面對此種會影響到未來前途的尷尬問題。

　　即使是非常基本的目標，政治人物也不願意排出優先順序來，因為決策者想要得到所有利益，而不願意在政策間進行選擇[79][80]。不願意決定終結政策就是基於避免承擔政治成本、失去不同選民支持的政治盤算[81]，這種現象可歸因於「理智上的不情願」[82]：分析家必須瞭解這個事實，政府討厭處理「結束」，而喜歡面對「開始」的議題[83]。這可能源自於美國人民偏愛新鮮與大膽的流行文化特質，政治人物比較喜歡關注於「積極的」貢獻，如新的計畫與新的政策倡議[84]。

　　對於官員的評價，習慣基於新政策的創設，而非舊政策的終結[85]。在國家漢生病中心的案例中，早期對於持續增加的反對聲浪視而不見，見證了理智上不情願因素在其中扮演了重要角色。到了

78　Ibid.

79　Edwards and Sharkansky, *The Policy Predicament*.

80　Patton and Sawicki, *Basic Methods*.

81　Bardach, "Policy termination," 7,2:130.

82　Frantz, "Termination model," 25,1:180，引自 deLeon, 1978.

83　Hogwood and Peters, *The Pathology of Public Policy*., 159; 引自 Frantz, ibid.,180.

84　Bardach, "Policy termination," 7,2:129.

85　Anderson, James R. *Public Policy Making: An Introduction*. Boston: Houghton Mifflin Co., 1990, 256.

1980 年代，理智上的不情願就不再被視為抗拒終結的重要因素，而是被其他因素所取代。

結構性的解釋可由另一個角度來闡明：為何在政治上會偏好積極性的行動。舉例而言，如果終結政策的好處是可以減稅，結構性的解釋指出，由於終結政策的受益者分佈過於分散，平均每人所獲得的利益也過小，因此沒有一個理性的政治人物會想進行這樣的選區經營[86]。

法律與財務成本

當提出終結的建議時，除了有政治意涵外，也有法律與財務面向的考量牽涉其中，對此必須謹記在心[87][88]。

法律成本是推行終結政策時必須面臨的阻礙，例如「正當程序」的限制可能會不利於政府機構的關閉[89]。雖然這些法律上的義務與契約的協議沒有明確的相關，但終結可能違背了「政府明示或暗示的承諾」[90]。法律成本也可能與正式的或非正式的契約相關，甚至可能引起相關的訴訟。Frantz 在評論 deLeon 的終結模式時指出，國家漢生病中心的關閉，也許會因為當初開辦時，政府將病人由家中移置該中心的程序而引起訴訟或相關問題。由於該中心的病患已經無法重新開始生活，因此拒絕離開。事實上，他們不僅是疾病纏身，更是數十年來錯誤醫療的受害者。這些來自法律等相關層面的考慮，該中心現任

86　Bardach, "Policy termination," 7,2:130.

87　Frantz, "Termination model," 25,1:186.

88　Geva-May, "Till Death Do Us Part," 23.

89　Frantz, "Termination model," 25, 1:185，引自 de Leon, 1978.

90　Behn, "Termination Ⅱ : Some Hints," 4,3:143.

主任 John Duffy 已經在報紙上公開宣稱，政府的立場是「沒有人會被要求離開」[91]。

Webb[92] 與 Castellani[93] 指出：關閉紐約史泰登島發展中心的決策已經導致多年的纏訟，直到 1975 年才達成協議。然而，該案例後續引發兩件相關機構針對其他中心情況所提出的訴訟案件[94]。

> 必須強調的是：在短期內終結一項公共政策所付出的成本，常比延續公共政策來得高，但是只要願意接受暫時性的、短期內的成本增加，將會帶來節省長期成本的好處[95][96]。

就短期經濟效益而言，員工離職金的支付與開辦替代性政策的成本（雖然替代性政策在經過一段時間後，就會成為多餘的政策），會使得終結政策成為一項不佳的策略方案。例如美國麻州政府關閉公共訓練學校，代之以地區性民營團體體系，並由州政府同時負擔這兩套體系的費用，這樣的冒險舉措，在短期內確實是所費不貲[97]。

當美國海軍在 1977 年決定關閉位於華盛頓特區內的海軍電機系統中心時，預期每年可節省 47,000 美元的成本，每年人事費用可節省 450,000 美元，但預計關閉的「一次成本」為 818,000 美元[98]。在國家漢生病中心的案例中，終結成本包括替代方案的搜尋（因為該中

---

91 Frantz, "Termination model," 25,1:183.

92 Webb AY. Clothing Institutions: One's State Experience; 1988; Albany, New York: NY State Office of Mental Retardation and Developmental Disabilities.

93 Castellani, "Clothing institutions," 11, 4:593-611.

94 Ibid, 597.

95 Behn, "Termination II : Some Hints," 18.

96 Geva-May, "Till Death Do Us Part," 24.

97 Ibid., 18.

98 Behn, "Clothing the Massachusetts public training schools," 7, 2:151-171.

心也被獄政管理局最低限度地當作老病監獄使用)，以及反終結聯盟的處理。該案例由於新聯邦機構的提供，該社區的財政狀況並未受到影響，病患組織也因收容者的減少而顯得無力。但就整體而言，整個終結工程在短期內依然是昂貴的 [99]。

倫理

做為政策分析家，你有義務瞭解：無效率或無效能的政策應該加以改變或消除[100]。

　　但在合理化或委任終結建議時，你也必須明確陳述終結的狀況 [101]。Behn 認為客觀審酌這項議題的一種方式是：確認所有的政府行動都是可以被評估、修正與可能被終結的。基於客觀評估資料的終結建議方案，在執行時具有較強勢與可信賴的基礎 [102]。然而，也必須瞭解這項事實：即使是有害的或浪費的政策，政治人物有時也會決定不去做決定。

　　你的嘗試可能會讓某些人覺得你的終結建議不具倫理性。然而，這樣的觀點並不需要接受，因為沒有任何公共機構在建立之後就應該變得不可侵犯，即使如此，分析家也必須隨時瞭解，只有當任何的修正都無法成為最佳選項時，他才應該考慮建議終結的方案。

99　Frantz, "Termination model," 25,1:185-186.

100　Geva-May, "Till Death Do Us Part," 27.

101　Behn, "Termination Ⅱ: Some Hints," 25.

102　Ibid.

但是，必須注意在特定的個案中，容忍部分替代的政策，或是尋求修正與重新改組的方案，可能是較明智的作法，就長期而言，如此可以節省金錢或避免造成傷害[103]。

例如，Jerome Miller 想要終結州政府中的少年犯罪矯治監獄，他並不擔心這項短期政策必須持續支付該機構員工薪水，如此一來，就可以使他具有更大的策略彈性。他將其中的少年移走，僅留下無須監管的員工，三年後，仍有部分員工持續在該機構「工作」。這樣的作法對於抗拒的中立化是極為重要的，他支付了遣散費，增加短期的成本，卻鞏固了這項政策 [104]。

必須時常考慮到政策終結的倫理：做為政策終結者，你必須承擔統合政治過程的責任，也必須為行動所產生的政策後果負責[105]。

要有選擇性：對於這個問題的意見紛歧。Dror[106] 主張：分析家不應該為目標與自身價值 (如民主或人權) 衝突的顧客提供服務。Weimer 與 Vining[107] 相信選擇是不切實際的，特別在行政與政府變遷中的案例更是如此。他們主張：「對政策分析家而言，達到專業倫理的合理途徑應該是瞭解對顧客的責任，以及分析的完整性。」根據他們的看法，理論評估方式應該是透過一些價值來引導分析家對於顧客的責任。另一方面，他們還認為，分析家應該「對顧客解決價值衝突的方法展現相當的容忍性，並對其分析的預測能力保持實際上的謙

---

103 Ibid.

104 Behn, "Clothing the Massachusetts public training schools," 7,2:151-171.

105 Ibid., 23-25.

106 Dror, *Designs of Policy Sciences*.

107 Weimer and Vining, *Policy Analysis*, 27.

遜態度」[108]。Patton 與 Sawicki 也支持這種看法[109]，他們提出，政策分析家必須明確地檢視政治議題，如利益與價值的衝突，而非其他形式的系統分析，特別當考慮到諸如終結等重大變化時，分析家一定要面對倫理與道德上的兩難，因為這涉及到諸如對顧客的忠誠、公共利益、公平平等與效率、正義與法律、專業的中立性[110]、同情、個人長期利益等倫理與道德原則的衝突。

在分析與建議中，必須建立倫理的準則，這是分析家的倫理義務。

　　當採行終結的步驟時，以下是必須面對的倫理問題：

- 如果終結是來自行政而非立法行動的決定，則漠視立法部門的正當性理由為何？
- 行使行政裁量權的可接受度為何？何時會具有決定性與可操控性？例如，在 Phillips 或 Miller 的案例中，其底線為何？他們是否具有決定性與操控性[111][112]？
- 將辯論極端化的正當性何在 (重新思考一下 Miller 的例子)[113]？
- 為促成終結，什麼情況下可禁止正當政治活動的妥協行為？何時可以完全漠視民主辯論的基本需求？

108　Ibid., 28.

109　Patton and Sawicki, *Basic Methods*, 168.

110　Weimer and Vining, *Policy Analysis*, 30.

111　Behn RD. Clothing a government facility. *Public Administration Review*, 1978;38:332-338.

112　Behn, "Clothing the Massachusetts public training schools," 7,2:151-171.

113　Ibid., 151-171.

- 政策受益者受到的影響為何？應該如何幫助他們 [114] [115] ？

> 將受終結影響的政策受益者列為終結的準則之一，是分析家的倫理義務。

　　終結的倡議會中止某些人的既得利益，然而這些利益是誠實賺取、值得保留的。例如，一項政策的終結涉及政府停止對某項計畫的投入 (不論這項投入是基於明示或暗示的承諾)，分析家有義務提出比較平順的轉型方式，為未來利益的消失預作準備。因為政策受益者是基於政策會持續，以及他們會受到幫助的假設下進行思考 [116]。在 deLeon 的案例中，受益者會得到離職金或安排聯邦的工作；在少年監獄的案例中，Miller 持續支付員工薪水，即使該機構內已無收容者 [117] [118]。

> 當問題被界定為與特定組織的健全或持續密切相關時，也必須檢視更廣大的公共利益與爭論各方的普遍性價值[119]。

　　這個建議是基於這樣的事實：組織成員的利益未必與非成員的利益一致，例如政府某些部門可能已經失去其效用卻仍倖存，然而維持組織的持續，可能不符合公共利益，因為組織的維持必須由全體大眾負擔成本，但這些資源卻可用於其他更迫切需要之處。

114　deLeon, "Theory of Policy Termination."

115　Frantz, "Termination model," 25,1:175-186.

116　Behn, "Termination Ⅱ : Some Hints," 25.

117　deLeon, "Theory of Policy Termination."

118　Behn, "Clothing the Massachusetts public training schools," 7,2:151-171.

119　MacRae and Wilde, *Policy Analysis*, 21.

終結的類型

必須瞭解，有兩種終結的類型存在：大爆炸（big-bang）型或長啜泣（the long whimper）型。

　　一旦終結真的發生，不是以爆炸性，就是以長啜泣的型態出現，這是由於抗拒終結的巨大緊張關係，終結的發生必然帶來衝擊的力量[120]。

　　大爆炸（或是爆炸型的結束）通常源自於單一決策權威所做的變遷決策。一般而言，此型是在長期政治鬥爭後，於某個時間點進行關鍵性的決策[121][122][123][124]。Shulsky 的論文所關注的就是華盛頓特區摩托車巡警隊的終結類型研究。Bradley 則指出加州及其他州心理疾病機構的非自願性制度化過程，Behn 亦舉出麻州少年犯罪矯治學校的相似案例[125][126][127][128]。

　　「長啜泣型」的終結並非來自單一的政策層次決定，而是政策賴以維繫的資源長期削減的結果，這種類型的終結過程指涉的是「漸減主義」（decrementalism），例如某些長久性的研發計畫，有些計畫卻一

120　Bardach, "Policy termination," 7,2:124.

121　Ibid.,124.

122　Weimer and Vining, *Policy Analysis*.

123　Webb, "Clothing institutions".

124　Castellani, "Clothing institutions," 11,4:593-611.

125　Shulsky AN. Abolishing the districts of Columbia motorcycle squad. *Policy Sciences*, 1976;7,2:199-214.

126　Bradley, "Policy termination in mental health," 7,2:215-224.

127　Behn, "How to Terminate a public policy," 4,3:393-413.

128　Bardach, "Policy termination," 7,2:123-131.

直處於沒有收穫也沒有損失的狀況 [129] [130]。如州立的精神療養機構因資金與病患的流失，人數逐漸減少，有時甚至被關閉 [131]，又如美國參與越戰也是逐漸地結束 [132]。

也有一些努力嘗試但最後失敗的終結案例，最後都出現相似的結果：如國家精神健康局的味嗅覺計畫，以及 1970 年代早期聯邦的社會服務計畫 [133] [134] [135]。

必須瞭解，可能有綜合大爆炸型與長啜泣型兩種特質的政策終結案例存在 [136]。

此種終結模式，可以在 1960 年代美國太空總署試圖終結對大學計畫的資助案例中輕易發現。1967 年，詹森總統決定要進行該政策，但太空總署官員卻對這個決定進行抗爭，並在三年內透過預算的持續削減而達到逐步廢止的結果 [137]。

在紐約心智遲緩機構的案例中，也可見到同樣的趨勢，政府雖決定關閉超過三分之一的機構，但也造成多年的纏訟，後來在 1975 年

129　Lambright WHO, Sapolsky HMO. Terminating federal research and development program. *Policy Sciences*, 1976;7,2:199-213.

130　Bardach, "Policy termination," 7,2:123-131.

131　Bradley, "Policy termination in mental health," 7,2:215-224. 亦可參閱 Bardach 1976, 125.

132　Foster and Brewer, "The termination of war," 7,2:225-243.

133　Lambrigh and Sapolsky. "Terminating," 7,2:199-213.

134　Bardach, "Policy termination," 7,2:124.

135　Wallerstein MB. Terminating entitlement: Veteran's disability benefits in the depression. *Policy Sciences*, 1976; 7,2:173-182.

136　Weimer and Vining, *Policy Analysis*.

137　Bardach, "Policy termination," 7,2:125.

與數量逐漸減少的原告達成協議，最後關閉該機構 [138]。

當考量終結模式時，必須對此謹記在心：大爆炸型的終結努力比較容易受到個別終結者的策略性考量與政治行動所影響。另一方面，長啜泣型的終結可能需要十年，甚至超過一個世代的時間來執行，然而一位政治領導者可能無法在位如此之久，使其有足夠的時間啟動並完成這樣的努力 [139]。

策略

事前規劃

在透露終止一項政策的意圖之前，先創造終結得以發生的政治氣候。

最理想的方式是終結者在透露行動之前，應該事先對該政策的基本問題進行廣泛的說明，如此，該政策的支持者才不會遭到受終結威脅者的實質攻擊。例如 Jerome Miller 擔任麻州青年服務部 (DYS) 主任時，在關閉州立訓練學校前，他先將社會大眾注意力聚焦於這些機構的惡行上，並將訓練學校的支持者定位為防衛性的，進而創造一種有助於終結發生的政治氣候，且未在其解決方案中透露出終結所有訓練學校的意圖 [140]。

善用特定的政治或社會條件以促成終結的進行。

---

138 Castellani, "Clothing institutions," 11,4:597.

139 Behn, "Termination Ⅱ : Some Hints," 22.

140 Behn, "Clothing the Massachusetts public training schools," 7,2:151-171.

　　以下這些條件滿足、創造或期待時，終結的努力將更易於成功[141]：

　　管理部門的改變：例如在華盛頓特區的摩托車巡邏、麻州少年犯罪機構、1933 年的退伍軍人年金、數個研發計畫、邁阿密騎警巡邏，以及越戰等案例，管理部門的改變是過去相關支持團體解組的原因。

　　與政策鑲嵌的意識型態基礎失去正當性 (delegitimation)：失去正當性導致對整體制度的敵視。在 1960 年代，知識與政治菁英針對醫院與少年訓練學校的終結主張即是；另一個例子則與反科技意識型態有關，其促成反對超音速客機 (SST) 與相關聯邦研發計畫。

　　一段紛亂的時期過後，使人們對自己生活的樂觀期待受到動搖。例如大規模的失業是羅斯福總統成功削減退伍軍人年金的背景，而重新調整組織則是警政首長 Jerry Wilson 裁撤華盛頓特區摩托車巡邏隊的背景因素。

　　緩和衝擊，透過不同方法的規劃，以減輕受影響者所受到的衝擊。Jerome Miller 讓 DYS 員工坐在幾近全空的機構中並支付他們薪水；華盛頓特區警政首長重新安排摩托車巡邏隊以保留其財務收益；SVP 計畫則是逐步而非遽然終止[142]。

　　做為政策採納的特殊案例，必須更仔細瞭解與適應政策過程中的政治現象[143]。

---

141 Bardach, "Policy termination," 7,2:130.

142 以上的觀點出現在 Behn, Bradley, Foster and Brewer, Wallerstein, Shulsky, and Lambright and Sapolsky 等人在 1976 年出版的 *Policy Sciences* 特刊中。

143 Bardach, "Policy termination," 7,2:126.

　　就此而言，要求採納 A 政策的主張意味著對 B 政策的終止，因此當建議終結成為政策採納過程的特殊案例時，分析家必須考慮到既得利益者可提出關於變遷不公平或不平等的有力道德訴求[144]。

　　例如華盛頓特區警政首長 Jerry Wilson 的目標在於廢止組織中的摩托車巡邏隊，他在 Shulsky 的論文中指出，不論是首長或其支持者，都不去關注該政策或計畫的隱含結果。在 Lambrighr 與 Sapolsky 對終結聯邦研發計畫的研究中，焦點集中在計畫而非政策或組織，終結特定研發計畫，並不一定會對主管機關或支持基礎與應用研究的一般政策產生太大的影響[145]。

考慮在計畫中建立自動終結機制[146]。

　　眾所周知，一旦計畫開始執行，就很難終結了，形成此種現象的部分原因在於：一旦政策的支持者可以從政策的延續中持續獲得利益，但如果政策規劃的方案中包含終結，那就最好減輕在終結過程中所帶來的痛苦[147] [148] [149]。

　　Biller 提醒我們在政策設計的初期階段，就應當先預期終結的類型。Foster 與 Brewer 則指出在從事運作規劃之際，就事先設計好終結核戰 (或任何戰爭) 的方法才是最為迫切之事。對這項意見的考量將比大爆炸或啜泣的保護更為重要。

　　有兩種在計畫中建立自動終結機制的方法受到推薦[150]。首先，

144　Ibid., 123.

145　Ibid., 126.

146　Weimer and Vining, *Policy Analysis*, 319-321.

147　Ibid., 319-321.

148　Foster and Brewer, "The termination of war," 7,2:225-243.

149　Ikle FC. The prevention of nuclear war in a world of uncertainty, *Policy Sciences*, 1976; 7,2:245-251.

150　Weimer and Vining, *Policy Analysis*, 319-321.

可以使用日落條款，本質上，日落條款事先設定終結的日期，藉以促成立法機構採取進一步的認可行動以延續此計畫；其次，Weimer 與 Vining 建議設下成功的門檻以作為計畫更新的條件；也就是藉由事先設下的計畫成功客觀判準，以作為更新計畫的決策基礎 [151]，後者的優點在於傳達清晰的訊息給執行者與計畫管理者，唯有達到最低績效準則才能挽救計畫與工作。

Biller 提供許多公共機構的誘因，以促使管理者接受計畫終結，其中之一為儲蓄 (banking)，例如透過允許保留特定比例的預算盈餘到下一個預算年度中，以增加盈餘預算的裁量權，如此管理者將有誘因尋求成本撙節的措施。

Weaver 提出的另一個建議為，透過信託基金或指定用途的方式，將稅收與特定支出加以連結，以解決投入的問題。這還可以進一步將計畫與現況相關的政治條件參數予以指標化，以作為估測變遷的基礎，如此亦有助於解決投入的問題 [152 153 154 155 156]。

考量議程控制可以作為創造倡議終結的政治機會與方法[157 158 159]。

---

151 Bardach, 1976 與 Behn, 1978 也提供相同的建議。

152 Biller, "On tolerating policy and organizational termination," 7,2:133-149.

153 Weaver, Kent R. *Automatic Government: The Politics Indexation*, Washington DC: The Brooking Institution, 1988.

154 Weimer, "The craft of policy design," 11,3/4:381.

155 Weimer, "Claiming races," 25:146.

156 Rodrick, D and Zeckhauser, R The dilemma of government responsiveness. *Journal of Policy Analysis and Management*, 1988; 7:601-620.

157 Kingdon, *Agenda, Alternatives and Public Policies*, 201-202.

158 Weimer, "Claiming races, broiler contracts heresthetics, and habits," 25,2:135-159.

159 Weimer, "The craft of policy design," 11,3/4:370-387.

　　Riker[160] 建議分析家考慮使用操控遊說 (heresthetics) 的政治策略，他指出操控遊說有三種類型：議程控制、策略性投票以及選擇面向的操控，這些都有助於政策終結倡議的執行。分析家應該隨時察佑政治過程中的任何變化，包括：國家氣氛的改變，如民意與選舉結果等 [161]；特定領域的知識發展，如新的技術、科學技術等；以及政治體系內迫切的新問題 [162]。分析家可以善用政治上的妥當時機，將他們的選項提出，以作為迫切問題的最佳解決方案。

　　Weimer 以關閉美國軍事基地的成功歷程說明此種運作方案的使用方法 [163] [164] [165]，它總共關閉了 86 個基地，5 個部分關閉，還有 54 個重新整併，更多的基地因公共法案 100-526 號而被關閉。1976 年，國會改變相關立法規定，要求更嚴格的報告要求，使得五角大廈要關閉不需要的基地更加困難，並形成浪費。1988 年 10 月，在眾議員 Dick Armey、Les Aspin 以及參議員 Nunn、Warner 等人的努力下，通過公共法案 100-526 號，提供了關閉軍事基地的機會。首先，他們將該議案由國會議程中抽出，並將之移轉給同年 5 月成立的基地重組與整併委員會。其次，該委員會使用軍事與成本準則，使國會議員處於

160　Riker, *The Art of Political Manipulation*.

161　Weimer, "The craft of policy design," 11,3/4:370-387.

162　對於「國家氣氛」(national mood) 的察知與促成終結提議進入更高層次議程地位的能力等相關議題，可參閱 Kingdon, *Agenda, Alternatives and Public Policies*, 146-148.

163　Ibid., 16-18.

164　關於面向的操控亦可參閱 Paine, "Persuasion, manipulation and dimension", 51:36-49.

165　關於 1976 年前後基地關閉的概況，可參閱 Behn, Lambert, "Cut-Back Management"; Behn, "Closing a government facility," 38:335; Towell, P. Conferees accept bill to ease closing of old military bases. *Congressional Quarterly Report*, 1988; 46:2808-2809; Weimer, "Claiming races," 25,2:135-159; Weimer, "The craft of policy design," 11,3/4:370-387.

「無知之幕」(veil of ignorance) 背後，他們不知道選區內有哪些基地
會關閉，也就沒有反對關閉的動機。第三，他們表示基地關閉的提議
不會面臨環境影響評估的問題，因此，非立法部門的主要反對機制也
為之瓦解。最後，國會投票的議程是由該小組所設定，他們強調，如
果國會能在特定日期通過表決，國防部就能全盤接受該方案。

化解反對

當第一次公開提議終結方案時，主張終結的理由應該周延而完
整[166]。

　　除非這項公佈旨在動員反對終結的勢力 (如施放風向球或有意洩
密)。當卡特總統在 1977 年宣稱有 19 項計畫「現在已經缺乏經濟、
環境與安全上的支持基礎」，它的這項公佈完全無法令人信服，結
果，計畫在短短兩個月內重新修訂兩次。

必須瞭解：政策終結在爭辯過程中的反終結聯盟，其支持來源通常源
自內部員工及與計畫持續利益攸關的團體所形成的聯盟[167] [168]。

　　公共計畫是刺激此類聯盟發展的根源。Bardach[169] 指出此類具自
我意識與利益的團體，如退伍軍人團體致力於反對終結過度的退伍軍
人福利保障；或主管特定政策的政府官員及員工，如終結少年犯罪機
構政策下的麻州訓練學校員工；及供應政策投入因素的私部門，在聯

166　Behn, "Termination II: Some Hints," 4.

167　deLeon, "Theory of Policy Termination," 290.

168　Frantz, "Termination model," 25,1:183.

169　Bardach, "Policy termination," 7,2:127.

邦政府終結研發計畫的案例中，乃指大學中的生物醫學研究者 [170]。

這些聯盟通常已經高度投入而且「可能強烈反對變遷，並漠視另一方所提出的證據」[171]。這些團體的權力還會隨著機構的年齡而增加，以國家漢生病中心為例，過去這些年來，好幾個團體已經發展出特殊的夥伴關係：在此特殊環境中的醫生與執行研究的專業人員、鄰近城鎮中因此獲得工作機會的社區居民、提供機構生活必需品的小商家，以及病患的家庭等 [172] [173]。

在 Weimer 所舉出的軍事基地關閉案例中，由於議程受到控制，以及議員無法瞭解委員會所做的關閉決策，而瓦解了聯盟的形成。這是因為不知道選區內的基地是否將被關閉，使得反終結聯盟無法形成，且這個由委員會成員所設置的「無知之幕」，在該案例中亦有所幫助 [174] [175]。

倡議終結方案時，必須考量支持者有三種基本類型，以及他們的動機[176]。

- 反對者：指不喜歡該政策者，因為該政策傷害其價值、原則，或傷害了他們的社會、經濟或政治利益。
- 經濟效益者：指關切資源的重分配，應由原本功能轉向他們認為更重要之處者，有些則試圖削減政府功能以減少成本並減稅。

170　Ibid., 126.

171　Anderson, *Public Policy Making*, 255.

172　deLeon, "*Theory of Policy Termination*."

173　Frantz, "Termination model," 25,1:183.

174　Weimer, "Claiming races," 25,2:135-159.

175　Weimer, "The craft of policy design," 11,3/4:370-387.

176　Bardach, "Policy termination," 7,2:126.

● 改革者：指認為終結一項政策為成功採納、執行另一項替代政策之先決條件的政治行為者。

與此相關者，Bardach 觀察到，政策終結的鬥爭「若與政治秩序及道德秩序有關，因而與一般政策相較之下，將呈現出特殊的樣貌」[177]，這些樣貌通常是由反對者所主導的聯盟所致。對此，Bardach 解釋道，歸因於反對者的熱忱與激情更易於突顯，這也使他們更能成功地將中立者收編。尤有甚者，終結方案也可能吸引兩類或更多類的支持者，例如在少年犯罪機構去制度化的過程中反對者的支持，以及支持心理治療機構的聯盟或反超音速客機 (SST) 的聯盟等均是。在這些聯盟中，除了反對者，同時也吸引了改革者及經濟效益者。在由 Jerome Miller 所主導的麻州聯盟以及華盛頓特區的終結摩托車巡邏聯盟個案中，改革者也都支持反對者。至於在研發計畫及退伍軍人權益過度保障案例中，則是由經濟效益者所主導。

一旦瞭解必須終結的動機，只要終結必要的部分即可[178]。

作為反對者，尋求終結政策的原因是因為該政策是錯誤的；作為改革者，對制度的要求是應該由更好的政策所取代；作為經濟效益者，則主張終結無效率、無效能或浪費的政策。但在特定個案中，只取代政策的一部分 (即使無法節省經費)、尋求組織重組或調整以追求長期的節約，而非完全加以終結，這樣的方式才是明智的。例如 Jerome Miller 試圖終結州政府中的少年感化機構，他並不擔心短期內持續支付員工薪資以保持運作，這使得他有更大的策略彈性，他將少

177　Ibid., 126.
178　Behn, "Termination II : Some Hints," 20-21.

年移走，只留下無須監管的員工。三年後，仍有員工在此「工作」，
這樣的作法對於抗拒的中立化至為重要，他支付遣散費，增加了短期
成本，但鞏固了他的政策。

考慮動員外來的終結者作為終結聯盟的政治領導人，藉以強化政策終
結的落實，動員新的支持者，以及管理行政上的細節[179]。

　　這項建議的主要理由在於：首先，終結者如果是政策的管理者，
將更具控制力與影響力；其次，外來的管理者不會被迫合理化機構過
去的行為。作為管理者，如果其先前的職務與該機構相關，或其未來
仰賴於此，則該管理者可能不希望去批評現在、過去或未來的同僚，
以及危害他自己的聲望或工作，理想的人選是未來想離開該機構的外
來者。例如在 1973 年 1 月，Howard J. Phillips 被任命為經濟發展局
的執行主任以終結該機構，他解雇了現有人員，重新雇用新的幕僚以
執行終結機構的單一任務。Jerome Miller 來自俄亥俄州的學術機構，
被任命為麻州青年服務機構主席，在三年任期內終結少年感化機構，
在離開該職務後，他又陸續在伊利諾州及賓州兩地擔任類似的職務。
Ronald Walker 被尼克森總統任命為國家公園服務處主任，以執行終
止海特拉斯角 (Cape Hatteras) 侵蝕控制的決策。在此之前，他負責國
內外旅遊工作，並準備在兩年後回到私人公司任職，當終結的決策無
意間被洩漏，他對此強烈辯護道：「顯然，外來的終結者更願意作不
受歡迎的說明，作出較令人不悅的指令，而這些都是確保終結的必要
條件」[180]。

---

179 Ibid., 12.
180 Ibid., 13-14.

為了化解官僚體制對計畫終結的反對，可以運用特殊的組織，如任務小組及特種委員會來執行政策[181]。

　　當一項政策或計畫所面對的是不會一直持續的情況時，這項策略特別有用，提供一項經濟協助計畫給週期性不景氣下的受害者就是一個好的標的。運用特殊組織途徑，其背後隱含的邏輯是：創設暫時性組織比較不會像常設組織般，對於未來的計畫有高度的期待。如同 Weimer 與 Vining 所指出，運用特殊組織還可以減少員工的終結成本，因為他們僅是單純地移轉到組織中的其他地方。兩位作者認為，如果員工認為終結只是回到原來的職位，而不是被降調或喪失工作、地位，他們就比較不會反對終結。

　　關於這項策略的使用有兩點必須注意：首先，職務與計畫持續不相連結的暫時性員工，其工作熱忱可能不及常任的員工。其次，暫時性的組織結構不能確保員工或團體，因享受到所帶來的好處而對之產生執著。基於這些理由，Weimer 與 Vining 認為只有當終結過程僅持續數個月，而非一段較長的時間時，才建議使用特殊組織的安排[182]。

當試圖終結時，必須運用以下建議的步驟以擴大政策的支持者。

擴大政策辯論的範圍。

　　在這麼做時，盡可能改變能影響決策終結或持續者的均衡狀態。例如，在國家公園服務處終結海特拉斯角的海灘侵蝕控制政策時，由

181　Weimer and Vining, *Policy Analysis*, 320.
182　Ibid.

於該政策原先規劃用於保護北卡羅萊納州堤防，免於受到侵蝕，以保
障當地居民生命財產安全，終結該政策受到居民與當地國會議員很大
的壓力，但支持終止政策的科學家，則認為侵蝕控制正在破壞當地生
態，他們藉由吸引環境保護者及全國性報紙編輯作家的注意，以擴大
政策的支持者。他們將爭議由地區性 (一千位居民) 提升到州以上的
層級 (三百五十萬民眾)，由此獲得在較低層級時所無法想像的嶄新
資源與方案 [183]。

不要仰賴沒有經過組織的終結受益者的支持。

　　必須試圖去組織一個特定的利益團體，以追求終結特定政策所帶
來的利益。建議將終結的利益轉化、整合於諸如健康與安全、消費者
保護、環境保護等有組織的團體中。

　　例如 Ralph Nader 的消費者倡議團體「共同主張社團」(Common
Cause) 迫使聯邦及州以日落條款方式促成政策終結，並建議終止某些
活動，如原子能聯合委員會等 [184]。

吸引一群新的、具熱忱的，以及主動的支持者；在此同時，也擴大衝
突的範圍。

　　麻州青年服務機構主席 Miller 引進許多自由派利益團體，如麻州
兒童及青年委員會、婦女選民聯盟等，他們也都反對少年感化機構的
處置方式。這些新的支持者擴大衝突的範圍，並因此擊敗了反終結聯
盟。

183　Behn, "Termination Ⅱ : Some Hints," 6.
184　Ibid., 8.

　　總之，分析家必須瞭解這個事實：計畫、政策或機構的終結倡議很少是由民意所決定，其更可能取決於關切該政策的公眾，如政策的支持者[185]。

收買受益者[186]。

　　在終結過程中，面對的是直接或間接的政策受益者，他們通常有完善的組織，包括受薪的政府員工，以及經由該政策獲得現金、補助款或其他保障的政策顧客。

　　在短期的成本規劃中，必須計算收買反對者所需的成本，政策顧客可以透過直接或間接給予資遣費的轉換方式加以收買，例如可以對政策推動員工提供新的工作機會，即使在多數案例中，顧客很少認為這樣的安排是足夠的，但在終結的前途渺茫情況下，接受這些條件成為最好的選擇。

　　當終結發生後，職業上的不確定性及個人的不便利性，會迫使人們認同該政策，即使一開始他們對此政策一點也不感興趣，但分析家必須考慮到，基於情緒或哲學上的原因關切該政策的民眾，通常是無法被收買的。

論證

將關注點聚焦於政策所帶來的傷害[187]。

---

185 Ibid., 5.

186 Ibid., 5.

187 Ibid., 9.

當倡議終結時，確實存在的傷害可以用來動員新的、主動的、具熱忱的支持者，並能提供終結的最佳理由。由於政策與組織都有其時間與空間上的限制性，基於對此限制的感知與運用，終結倡議者可以善用時機說明政策應予終結，否則必將帶來傷害[188]。

例如麻州青年服務機構主席 Miller 引導了大眾關注機構的負面情況，他主動邀請媒體與暴動者對談，還改變了政治提問方式，由過去的該如何處置這些「壞孩子」，轉變為該如何面對這個「壞制度」。由於機構的傷害而非其浪費，促成終結聯盟的形成。

在侵蝕預防計畫的案例中，並非由於國家公園服務處的海灘侵蝕控制計畫非常昂貴，而是其所帶來的傷害，如對沿岸島嶼的災難性影響，才迫使該計畫終結。

指出資源的浪費[189]。

當不終結舊計畫就無法提供足夠的資源以支應新提案時，這個策略對於促成終結更顯得重要。分析家強調政策的無效率、無效能、老舊或重複只會產生一般性的利益，這樣的提案只能創造極少的政治行動，這意味著如此只能引起極小的反對。另一方面，如果強調終結一個有害政策所能產生的特殊利益，例如明確指出一項政府行動是極為有害的，就能激發有組織的利益團體形成[190]。

---

188 Biller RP. On Tolerating Policy and Organizational Termination: Some Design Considerations, 1975; GSPP: UC Berkeley, 1975,2..

189 Ibid., 1.

190 Behn, "Termination II : Some Hints," 9.

陷阱

當試圖終結時，避免消息走漏，也勿施放風向球[191]。

　　在測試新觀念的政治風向與強度時，施放風向球的確是一項有價值的政治策略，但是風向球必然是試探性與不完整性的，無法涵蓋終結個案的全貌[192]。因此，當終結意見被提出，其所激起的損失恐懼感一定比預期受益感要大得多，而任何消息的施放必然招致對終結方案的強烈反對。

　　例如，1975 年福特總統考慮裁撤電信政策辦公室，一開始，裁撤的正式公告原訂在當年 2 月送達國會，但因「紐約時報」在 1 月 16 日提前洩漏消息，該政策激起強烈反彈，總統只好在消息走漏的隔天修正該決定[193]。公共政策的一般模式似乎各處皆然，另一個案例是 1994 年以色列財政部試圖通過一項對私人股票交易所得課稅的法案，儘管該法案對社會有利，值得勞工黨支持，但該法案從未通過，因為財政部先前所施放的數個風向球，早已激起少數卻極有力的利益團體強烈反對。

必須考量政策、計畫與組織(機構)有相互連結的關係，終結其一有時會自動終結其他[194]。

　　例如 Bradley 在討論心理健康政策案例時就指出，這三者實際上

191　Ibid., 2.

192　Ibid., 2.

193　Ibid., 2.

194　Bardach, "Policy termination," 7,2:124.

是密不可分的：相關的政策是適用於疑似心理疾病患者的公民參與法案，計畫是移置醫療院所與專業治療，受影響的組織則是州立醫院[195][196]。通常，試圖終結政府活動(包括政策、計畫、機構)的三種類型之一，都會激起面對終結時類似的政治爭論，這些爭論多數只在輪廓上與政策倡議或採納的過程有所不同，主要是因為終結對情緒與財務穩定所帶來的直接威脅。

當進行終結的倡議時，分析家必須區別政策與政策的主管機構[197]，例如他必須瞭解，到底是要終結錯誤的政策，或是裁撤過去浪費的機構。因此，有可能終結了政策，但維持機構的存在，或裁撤了機構，但將政策移轉給其他部門。在 Behn 的論文中，以麻州少年感化學校為例，將制度化視為政策終結，或是將學校視為功能性的組織而予以裁撤，兩者就有所區別，身為帶領此終結的倡議者 Miller，試圖在移出機構內部少年時，卻持續維繫此學校與員工的存在[198]。

在所有的終結戰役中，妥協是最可能的解決方案，但這僅是一項「存續的策略」[199][200]。

致力於一項政策或組織的政治領導者，必然會作出必要的妥協以確保其維繫。而終結者對於妥協的排斥則可獲得重大的利益。一項有用的策略是強調政策的危害性，以及將政策的支持者置於防禦的位

---

195 Bradley, "Policy termination in mental health," 7,2:215-224.

196 Bardach, "Policy termination," 7,2:123-131.

197 Behn, "Termination II : Some Hints," 21.

198 Behn, "Closing the Massachusetts public training schools," 7,2:151-171.

199 Simon, Herbert A. Smithburg, Donald W. and Thompson, Victor A. *Public Administration*, New York: Alfred A. Knopf, 1950.

200 Behn, "Termination II : Some Hints," 10.

置。「這變成一場持久戰,且終結者有機會得到完全的勝利」[201]。方法之一是透過負面的評價、清晰的陳述,以及廣為周知等方式進行終結,若不如此,將遭遇激烈的反終結聯盟情緒性的反對,並持續數年之久,如同邁阿密騎警巡邏隊一般[202]。

然而,妥協的可能性並非經常存在,Behn 就認為「許多政策,就像工作權保障的法令,只有完整存在才有意義,例如 Taft Harley 第十四條 (b) 項所舉出者,廢止訴求該如何妥協呢?你只能選擇支持或反對」[203]。在海特拉斯角國家海灘侵蝕控制的政策案例中,當面對大自然力量之際,並沒有建議只有部分投入的空間,要不就進行需花費數百萬美元的大規模投資,要不就選擇完全不做[204],雖然其開辦成本非常高,這正是 Castellani 所提供的案例所要闡明之處[205]。

必須瞭解,即使證明政策是有害的,也不必然確保能加以終結。

即使政策被證明是有害的,有些人還是無法接受;有些人則宣稱這是政策獲得更大利益所必須支付的成本;還有些人主張透過修正方式以保留有益部分、去除有害部分;另有些人則對終結狀況產生強烈的情緒反應[206]。例如在邁阿密騎警巡邏隊的案例中,公眾宣稱有害部分的指控並不正確,如這是不必要的成本,因為支付警察巡邏的薪水是必須的,不論警察巡邏的方式是走路、騎摩托車、開警車或騎在馬背上;此外,裁撤後將會對城市的友善氣氛、居民、觀光產業產生

---

201 Ibid., 10.
202 Ellis, "Program termination," : 7,2:355.
203 Behn, "Termination Ⅱ: Some Hints," 16.
204 Ibid., 10.
205 Castellani, "Clothing institutions," 11,4:593-611.
206 Behn, "Termination Ⅱ: Some Hints," 10.

更大的傷害[207]。在 Castellani 所提供的案例中，證明紐約心理治療機構是有害的，社區計畫有必要提供另一個更好的選項[208]。

不要侵犯立法特權[209]。

當倡議以立法方式終結一項政策時，焦點應放在實質性的議題，如政策所帶來的傷害性或不妥當性，儘量避免挑戰憲法上的特權。Behn 就舉了一個尼克森總統在 1972 年第二任任期內無視國會特權，終結了鄉村環境協助計畫 (Rural Environment Assistance Program, REAP) 的案例，該終結案例的缺陷在於，該計畫的損害並未公開化，議題焦點卻變成總統未經國會授權就擅自凍結基金並終結計畫，而不是 REAP 的好處，而立法特權的爭論，使得其後的任何終結都必須經過國會投票，且因擔心遭國會否決，修正後的 REAP 被含括在 1973 年通過的法案中，直到今日，農民還是持續獲得來自土地保育計畫的補助。

避免立法投票[210]！

不要尋求以立法投票方式決定終結計畫，如此一來，任何終結的決定都將由立法部門的政策監督委員會與撥款小組所掌控，而這些成員通常與該政策的過往經歷密切相關。更何況，立法機構原本就是用來促成妥協的制度設計，因為最可能出現的結果就是調整、重組、修正或不改變地持續完成，且深受終結威脅的政策支持者，可能會透過

---

207 Ellis, "Program termination," : 7,2:355-356.

208 Castellani, "Clothing institutions," 11,4:596.

209 Behn, "Termination Ⅱ : Some Hints," 15.

210 Ibid., 14.

交換支持其他法案的方式，以確保反政策終結者得以形成多數求。

> 但是在終結政策時，還是必須得到立法機構的支持，因此必須先非正式地接近立法領袖[211]。

　　對於特定終結法案，必須發展一套避免立法機構審慎與公開投票的決策程序，以麻州青年服務機構主席 Miller 為例，他先確認能獲得麻州眾議院主席的支持，在公園服務處的案例中，終結政策則得到眾議院撥款小組的支持。

211　Ibid., 15.

總結

 15　分析家的檢核表

A. 考量因素	是/否
1. 考量組織的持續	
• 我是否已經考量此政策、制度、計畫維持穩定的因素？	☐☐
• 我是否已經考量特定計畫執行機構的特質？	☐☐
• 我是否已經考量政策、制度、計畫的定向？	☐☐
• 我是否已經考量避免終結的手段，如：	
繼續投資	☐☐
預算	☐☐
秘密	☐☐
隱諱不明	☐☐
象徵性的改變	☐☐
動態的表現	☐☐
科學光環	☐☐
技術光環	☐☐
2. 考量成本	
• 我的倡議是否會激起公眾情緒並導致激烈反應？	☐☐
• 如果答案為「是」，我的建議是否回應此問題？	☐☐
• 我是否考量到我的顧客可能不情願接受政策終結？	☐☐
• 如果答案為「是」，我是否考量如何安撫其不情願？	☐☐
• 我是否考量到我的顧客可能比較喜歡「開始」而較不喜歡「結束」？	☐☐
• 是否已經考量法律上的阻礙？	☐☐
• 我的顧客是否接受短期內的高昂成本？	☐☐
• 我是否已經檢查所有的終結成本？	☐☐

圖 15 分析家的檢核表 (續)

3. 考量倫理　　　　　　　　　　　　　　　　　　　　　　是 / 否
- 政策、制度、計畫是否無效能？　　　　　　　　　　　□□
- 政策、制度、計畫是否無效率？　　　　　　　　　　　□□
- 政策、制度、計畫是否有害？　　　　　　　　　　　　□□
- 即使面對以上的明證，我的顧客是否還是可能不下決定？　□□
- 如果答案為「是」，我是否考量該如何因應？　　　　　□□
- 我在決定顧客時，是否有選擇性？　　　　　　　　　　□□
- 我在進行分析時，是否建立倫理的準則？　　　　　　　□□
- 我是否考量到受政策、制度、計畫終結影響的受益者？　□□
- 我是否考量到公共價值？　　　　　　　　　　　　　　□□
- 我是否考量到公共利益？　　　　　　　　　　　　　　□□
- 在倡議終結前，我是否考量到有何可能性？　　　　　　□□
　——修正　　　　　　　　　　　　　　　　　　　　□□
　——重組　　　　　　　　　　　　　　　　　　　　□□
- 即使上述答案為「是」，我是否仍然倡議終結？　　　　□□

B. 策略認定

1. 終結的類型
- 我是否考量對於建議的抗拒強度？　　　　　　　　　　□□
- 我是否採納大爆炸型的終結型態？　　　　　　　　　　□□
- 我是否採納長啜泣型的終結型態？　　　　　　　　　　□□
- 我是否採納兩者的綜合型態？　　　　　　　　　　　　□□
- 我是否考量到長啜泣型的終結執行可能要花費十年以上時間？　□□
- 我是否考量到基於政治策略的機會而向顧客建議大爆炸型的策略？　□□

圖 15　分析家的檢核表（續）

---

2. 事前規劃
- 我的終結理由是否周延而完整？ 是/否
- 我所提出的終結建議是否為政策採納個案的一部分？ ☐☐
- 我是否創造了終結得以發生的政治氣候？ ☐☐
- 我能否善於利用以下的機會： ☐☐
  ──既存的政治氣候？ ☐☐
  ──管理部門的改變？ ☐☐
  ──意識型態的去正當性？ ☐☐
  ──一段紛亂的時期？ ☐☐
- 我是否考量緩和衝擊的方法？ ☐☐
- 我的顧客是否在政策、制度、計畫中建立終結的機制？ ☐☐
- 是否有特殊的組織？ ☐☐
- 我是否該聘用外來的終結者？ ☐☐

3. 化解反對
- 我是否已經認定了支持反終結聯盟的團體？ ☐☐
- 如果答案為「是」，我是否已經確認他們的動機？ ☐☐
- 我是否已經認定了支持者？ ☐☐
- 如果答案為「是」，我是否已經確認他們的動機？ ☐☐
- 我是否應該擴大關於建議的論辯領域？ ☐☐
- 我是否應該仰賴未經組織的終結利益團體的支持？ ☐☐
- 我是否應該考量吸引新的、熱忱積極的支持者？ ☐☐
- 我是否應該考量收買受益者的可能性？ ☐☐

4. 論證
- 我是否應該將注意力聚焦於： ☐☐
  ──政策傷害？ ☐☐
  ──資源浪費？ ☐☐
  ──其他？ ☐☐

15　分析家的檢核表 (續)

C. 陷阱	是/否
• 我是否已經對可能的洩密採取預防措施？	☐☐
• 是否已經考量施放風向球的妥當性？	☐☐
• 我能否區別政策、計畫及管理機構？	☐☐
• 我是否已經考量終結其一可能會影響其他？	☐☐
• 我是否已經考慮非正式接近立法領袖的管道？	☐☐
• 我是否已經仔細思考避免對我的終結計畫進行立法投票的方式？	☐☐
• 除了證明政策的傷害性外，我是否已經找出其他可以確保終結的方法？	☐☐
• 在這個特殊個案中，我是否應該提防妥協成為一種組織維持存續的策略？	☐☐

國家圖書館出版品預行編目資料

政策分析：操作技藝／　Iris Geva-May 著. 江
育真 蕭元哲 葉一璋 李翠萍 陳志緯 石
振國 譯. 林水波 總審定.
－－初版. －－臺北市：五南, 2009. 07
面；　公分
譯自：An operational approach to policy
　analysis: the craft
ISBN 978-957-11-5517-3（平裝）
1. 行政決策
572.9　　　　　　　　　　　　　97025530

1FQP

政策分析：操作技藝

作　　　者－Iris Geva - May

譯　　　者－江育真、蕭元哲、葉一璋、李翠萍、陳志緯、
　　　　　　石振國

總 審 定－林水波

發 行 人－楊榮川

總 編 輯－龐君豪

主　　　編－張毓芬

責任編輯－吳靜芳、林秋芬、單曉文

封面設計－盧盈良

出 版 者－五南圖書出版股份有限公司

地　　　址：106 台北市大安區和平東路二段 339 號 4 樓

電　　　話：(02)2705-5066　傳　　　真：(02)2706-6100

網　　　址：http://www.wunan.com.tw

電子郵件：wunan@wunan.com.tw

劃撥帳號：01068953

戶　　　名：五南圖書出版股份有限公司

台中市駐區辦公室／台中市中區中山路 6 號

電　　　話：(04)2223-0891　傳　　　真：(04)2223-3549

高雄市駐區辦公室／高雄市新興區中山一路 290 號

電　　　話：(07)2358-702　傳　　　真：(07)2350-236

法律顧問　元貞聯合法律事務所　張澤平律師

出版日期　2009 年 7 月初版一刷

定　　　價　新臺幣 320 元